U0508813

近代政治史系列

宪政史话

A Brief History of
Constitutionalism in China

徐辉琪　付建成 / 著

社会科学文献出版社
SOCIAL SCIENCES ACADEMIC PRESS (CHINA)

图书在版编目（CIP）数据

宪政史话/徐辉琪　付建成著. —北京：社会科学文献
出版社，2012.5
　（中国史话）
　ISBN 978 - 7 - 5097 - 3119 - 2

　Ⅰ.①宪…　Ⅱ.①徐…　②付…　Ⅲ.①宪法 - 法制
史 - 中国 - 近现代　Ⅳ.①D921.02

中国版本图书馆 CIP 数据核字（2012）第 020685 号

"十二五"国家重点出版规划项目

中国史话·近代政治史系列

宪政史话

著　　者／徐辉琪　付建成

出 版 人／谢寿光
出 版 者／社会科学文献出版社
地　　址／北京市西城区北三环中路甲 29 号院 3 号楼华龙大厦
邮政编码／100029

责任部门／人文分社（010）59367215
电子信箱／renwen@ssap.cn
责任编辑／胡三乐
责任校对／李　敏
责任印制／岳　阳
总 经 销／社会科学文献出版社发行部
　　　　　（010）59367081　59367089
读者服务／读者服务中心（010）59367028

印　　装／北京画中画印刷有限公司
开　　本／889mm×1194mm　1/32　印张／5.25
版　　次／2012 年 5 月第 1 版　　字数／102 千字
印　　次／2012 年 5 月第 1 次印刷
书　　号／ISBN 978 - 7 - 5097 - 3119 - 2
定　　价／15.00 元

本书如有破损、缺页、装订错误，请与本社读者服务中心联系更换

▲▲ 版权所有　翻印必究

《中国史话》
编辑委员会

主　　任　陈奎元

副 主 任　武　寅

委　　员　（以姓氏笔画为序）

卜宪群　王　巍　刘庆柱

步　平　张顺洪　张海鹏

陈祖武　陈高华　林甘泉

耿云志　廖学盛

总　序

　　中国是一个有着悠久文化历史的古老国度，从传说中的三皇五帝到中华人民共和国的建立，生活在这片土地上的人们从来都没有停止过探寻、创造的脚步。长沙马王堆出土的轻若烟雾、薄如蝉翼的素纱衣向世人昭示着古人在丝绸纺织、制作方面所达到的高度；敦煌莫高窟近五百个洞窟中的两千多尊彩塑雕像和大量的彩绘壁画又向世人显示了古人在雕塑和绘画方面所取得的成绩；还有青铜器、唐三彩、园林建筑、宫殿建筑，以及书法、诗歌、茶道、中医等物质与非物质文化遗产，它们无不向世人展示了中华五千年文化的灿烂与辉煌，展示了中国这一古老国度的魅力与绚烂。这是一份宝贵的遗产，值得我们每一位炎黄子孙珍视。

　　历史不会永远眷顾任何一个民族或一个国家，当世界进入近代之时，曾经一千多年雄踞世界发展高峰的古老中国，从巅峰跌落。1840年鸦片战争的炮声打破了清帝国"天朝上国"的迷梦，从此中国沦为被列强宰割的羔羊。一个个不平等条约的签订，不仅使中国大量的白银外流，更使中国的领土一步步被列强侵占，国库亏空，民不聊生。东方古国曾经拥有的辉煌，也随着西方列强坚船利炮的轰击而烟消云散，中国一步步堕入了半殖民地的深渊。不甘屈服的中国人民也由此开始了救国救民、富国图强的抗争之路。从洋务运动到维新变法，从太平天国到辛亥革命，从五四运动到中国共产党领导的新民主主义革命，中国人民屡败屡战，终于认识到了"只有社会主义才能救中国，只有社会主义才能发展中国"这一道理。中国共产党领导中国人民推倒三座大山，建立了新中国，从此饱受屈辱与蹂躏的中国人民站起来了。古老的中国焕发出新的生机与活力，摆脱了任人宰割与欺侮的历史，屹立于世界民族之林。每一位中华儿女应当了解中华民族数千年的文明史，也应当牢记鸦片战争以来一百多年民族屈辱的历史。

当我们步入全球化大潮的 21 世纪，信息技术革命迅猛发展，地区之间的交流壁垒被互联网之类的新兴交流工具所打破，世界的多元性展示在世人面前。世界上任何一个区域都不可避免地存在着两种以上文化的交汇与碰撞，但不可否认的是，近些年来，随着市场经济的大潮，西方文化扑面而来，有些人唯西方为时尚，把民族的传统丢在一边。大批年轻人甚至比西方人还热衷于圣诞节、情人节与洋快餐，对我国各民族的重大节日以及中国历史的基本知识却茫然无知，这是中华民族实现复兴大业中的重大忧患。

中国之所以为中国，中华民族之所以历数千年而不分离，根基就在于五千年来一脉相传的中华文明。如果丢弃了千百年来一脉相承的文化，任凭外来文化随意浸染，很难设想13亿中国人到哪里去寻找民族向心力和凝聚力。在推进社会主义现代化、实现民族复兴的伟大事业中，大力弘扬优秀的中华民族文化和民族精神，弘扬中华文化的爱国主义传统和民族自尊意识，在建设中国特色社会主义的进程中，构建具有中国特色的文化价值体系，光大中华民族的优秀传统文化是一件任重而道远的事业。

当前，我国进入了经济体制深刻变革、社会结构深刻变动、利益格局深刻调整、思想观念深刻变化的新的历史时期。面对新的历史任务和来自各方的新挑战，全党和全国人民都需要学习和把握社会主义核心价值体系，进一步形成全社会共同的理想信念和道德规范，打牢全党全国各族人民团结奋斗的思想道德基础，形成全民族奋发向上的精神力量，这是我们建设社会主义和谐社会的思想保证。中国社会科学院作为国家社会科学研究的机构，有责任为此作出贡献。我们在编写出版《中华文明史话》与《百年中国史话》的基础上，组织院内外各研究领域的专家，融合近年来的最新研究，编辑出版大型历史知识系列丛书——《中国史话》，其目的就在于为广大人民群众尤其是青少年提供一套较为完整、准确地介绍中国历史和传统文化的普及类系列丛书，从而使生活在信息时代的人们尤其是青少年能够了解自己祖先的历史，在东西南北文化的交流中由知己到知彼，善于取人之长补己之短，在中国与世界各国愈来愈深的文化交融中，保持自己的本色与特色，将中华民族自强不息、厚德载物的精神永远发扬下去。

《中国史话》系列丛书首批计 200 种，每种 10 万字左右，主要从政治、经济、文化、军事、哲学、艺术、科技、饮食、服饰、交通、建筑等各个方面介绍了从古至今数千年来中华文明发展和变迁的历史。这些历史不仅展现了中华五千年文化的辉煌，展现了先民的智慧与创造精神，而且展现了中国人民的不屈与抗争精神。我们衷心地希望这套普及历史知识的丛书对广大人民群众进一步了解中华民族的优秀文化传统，增强民族自尊心和自豪感发挥应有的作用，鼓舞广大人民群众特别是新一代的劳动者和建设者在建设中国特色社会主义的道路上不断阔步前进，为我们祖国美好的未来贡献更大的力量。

陈奎元

2011 年 4 月

⊙徐辉琪

作者小传

　　徐辉琪，籍贯山东临朐，1941年生于陕西富平县。1964年西北大学历史系毕业。中国社会科学院近代史研究所研究员。曾任所学术委员会委员、所科研组织处处长；兼任中国社会科学院中日历史研究中心办公室副主任等职。出版专著有《中华民国史》第二编第一卷（合著）；从书、资料书等十余种；发表论文《论武昌起义后同盟会的演变》、《论第一届国会选举》等数十篇。

⊙付建成

　　付建成，1962 年 8 月生。中共党员，教授、博士生导师。现任中国延安干部学院副院长。长期从事中国近现代史、中共党史的教学研究及干部教育培训管理工作，先后在《求是》、《中国经济史研究》、《社会学研究》等刊物发表论文 60 余篇；出版学术著作 6 部；部分科研成果获省部级以上奖励。现兼任中国中共文献研究会常务理事、中国中共文献研究会毛泽东思想生平研究分会常务理事、中国现代史学会常务理事等。

目　录

一　革命运动兴起与清末 "预备立宪"

 近代西方宪政学说在中国的传播

宪政，即宪法政治，也就是民主的政治。它是一种以制定国家根本大法——宪法来管理国家和社会的政治，与封建专制制度截然不同。从广泛的世界历史角度看，宪政是近代资产阶级革命的产物，是资产阶级革命初期反封建斗争的主要内容之一。早在 17 世纪后半期，英国资产阶级在与封建贵族的斗争和妥协中，先后通过或确认了一些法令、惯例，逐渐形成了宪法体系，建立了君主立宪政权。到了 18 世纪，美国和法国资产阶级革命取得胜利后，同样把制定宪法作为国家的根本制度加以确定，建立了民主共和政权。这些国家所颁布的宪法，大都以资产阶级启蒙思想家的政治学说为理论基础，对国家的社会制度、国家制度、国家机构、公民的基本权利和义务等作了全面的规定，宣布自由、财产、安全以及反抗压迫是 "天赋人权"；言论、信仰、著述和出版自由；确认了 "主权在民"、

"三权分立"以及法律面前人人平等和私有财产神圣不可侵犯等资产阶级民主的基本原则，具有十分明显的反封建专制制度的色彩。

从严格意义上说，中国争取制定宪法、实现民主政治的运动开始于1894年中日甲午战争以后。但实际上在此之前，先进的中国人在抵抗外来侵略的同时，便开始了向西方寻求真理、寻找救国道路的艰辛曲折历程。西方资产阶级民主宪政学说也因此而逐渐地被介绍到中国并传播开来。

1840年爆发的鸦片战争，犹如一声霹雳，震惊了处于昏睡状态的大清帝国。在经历了"坚船利炮"与大刀长矛的较量之后，清朝帝国的尊严被无情地戳破了，长期关闭的"天国"大门被轰开了。自此，广阔的中华大地成了列强的商品市场和原料产地，封建的中国被卷入到世界资本主义的发展体系中。

国门洞开，使中国的思想界受到前所未有的大震动。许多地主阶级知识分子开始从过去埋头于训诂、考证的故纸堆中站了出来，一部分封建官员缙绅也逐渐从过去夜郎自大、墨守成规的状态中清醒了过来，看到了古老的中国与西方世界在各方面的差距。面对严酷的现实，他们主张"师夷之长技以制夷"。这是先进的中国人在鸦片战争后对西方文明的第一个反应，也预示了被迫"开放"后中国社会的发展趋势。

在鸦片战争期间及其后，以林则徐、魏源、徐继畬、梁廷枏等为杰出代表的先进中国人，先后编译了《四洲志》、《海国图志》、《瀛环志略》、《海国四说》

等关于外部世界的书籍。书中不仅介绍了西方各国的地理、历史、物产、习惯和风土人情，而且对西方各国的政事也做了介绍和评价。虽然由于时代、阶级和认识的局限，它们对西方政制的理解还很浅显，所掌握的情况有些仅是传闻，而且主要强调学习以坚船利炮为中心的西方物质文明，强调用西方的"长技"来抵御外来侵略，并没有表现出明显的反封建君主专制制度的意向。但是，他们探求新知的进取精神，确为中国人学习西方开了先河。中国人对西方政治制度的了解正是从他们开始的。

近代西方民主宪政学说在中国的传播，到19世纪七八十年代得到了相当的发展。当时，中国社会半殖民化程度进一步加深，民族危机日益严重。民族资本主义随着洋务民用工业的举办而产生，因此出现了反映正在兴起的民族资产阶级利益和愿望的早期维新思想。

早期维新思想的代表人物主要有冯桂芬、王韬、薛福成、马建忠、郑观应等。与林则徐、魏源等人相比，他们开眼看世界的视角更为广阔。除了以西书为媒介了解世界以外，他们当中的某些人还与来华的洋学士朝夕相处，切磋知识。也有些人则亲历西方，足践欧土。因此，对于世界大势和中国所面临的危境的认识，他们相应也就深刻些。这些人主张向西方学习，实行某些政治、经济方面的改革，以使中国走上独立发展资本主义的道路。经过比较和分析，他们普遍感到，西方的议院制度的确有种种优点，而最大的好处就是能够使国家富强。所以，中国要想转弱为强，转贫为富，必须首先在这方面效法泰西，进行改革。郑观应在《盛世危言》中认为，封建君主专制政体应该加以改革。他赞赏英国和德国的政治制度，认为实行君主专制政体的国家权力偏于上，而民主共和的国家权力偏于下，实行君主立宪政治的国家权力得其平。因此，他认为君主立宪政体适合中国的国情。另一个早期维新思想代表人物陈炽也持此主张。他把世界上的国家划分为"君主之国"、"民主之国"和"君民共主之国"三类。他认为，前两类国家均有弊端，只有君民共主最好。陈炽十分赞美西方的资产阶级议会制度，并把能否设立君主立宪的议院看成是国家兴亡的关键。此外，早期维新思想家还对封建顽固派的守旧思想和洋务派学西方只知抄袭皮毛的做法都进行了批评。早期维新思想家的主张也有明显的弱点和局限性，比较突出地集中在他们不敢攻击封建君主专制的理论基础，对西方资产阶级民主宪政学说的介绍和引进缺乏系统性，还没有把进化论、天赋人权和社会契约论系统地介绍给国人。这表明他们还没有完全摆脱封建主义的束缚。尽管如此，早期维新思想家对西方资产阶级政治学说的传播，在当时不仅起了思想启蒙的作用，而且为后来的戊戌维新运动做了思想上的准备。

19世纪末，伴随外国资本主义列强的侵略，中国面临的危机更加严重了。尤其是经过1894～1895年的中日甲午战争，清政府一败涂地，被迫签订了丧权辱国的《马关条约》。于是，在战后，各国列强纷纷在华开办厂矿，划分势力范围，掀起了一股瓜分中国的狂潮恶浪。"处处扼咽喉，天涯何处是神州？"谭嗣同的这两句诗，形象地说明了甲午战争后中国民族危机的深重。与此同时，中国民族资本主义也获得初步发展，民族资产阶级的力量逐渐成长起来。民族资产阶级为发展资本主义迫切要求改革现状。于是，在此形势下，近代西方民主宪政学说在中国传播的进程进一步加快，爱国救亡的政治声浪也迅速地把早期维新思想推进到更高的层次，从而形成了规模空前的社会思潮，并转变成一场群众性的政治运动。这就是戊戌变法或称戊戌维新运动。因此，从真正意义上说，中国的宪政运动是以戊戌维新运动为开端的。

站在维新变法最前列的是康有为、梁启超、谭嗣同、严复等人。康有为被奉为旗手。他们从指导变法救亡政治运动的愿望出发，大力引进西方资产阶级民主政治学说，尤其是对文艺复兴和启蒙运动时代各种思想和理论加以吸收。他们还提出了一个非常重要的向西方学习的原则，即"以政学为先，而次以艺学"，号召人们大量译介欧美与日本政治、文学之书。在他们的大力倡导下，一时间人文社会科学界的翻译事业兴旺发达，成果卓然。像卢梭的《民约论》、孟德斯鸠的《法意》、斯宾塞的《群学肄言》和《代议政治论》，以及美国的《独立宣言》和法国的《人权宣言》等资产阶级革命时代的经典著作与文献，都被译成了中文，向社会传播，为维新志士的政治变革理论提供了丰富的精神食粮。

这一时期，以康有为为首的维新派还创办一批近代报刊、新式学堂以及一些学会，大造变法的社会舆论，培养维新变法的人才。他们还针对封建顽固派以及洋务派反对维新变法的观点进行有力的抨击，指出封建君主专制是中国贫弱的根源，变法是"天下之公理"，不变法国家将会灭亡。要求兴民权、设议院，改行君主立宪。他们的主张引起了社会的广泛震动，具有很大的影响力，使谈时务和学西学形成社会风气。据记载，当时"上自朝廷，下至士人，纷纷言变法"，"家家言时务，人人谈西学"。

更为重要的是，康有为等人把他们向西方学习的一整套主张付诸社会实践，敦请清政府走君主立宪的道路。在他们不断上书请求下，光绪皇帝接受了康有为等人的主张，于1898年6月11日下诏宣布变法。在短短的103天里，一系列变法诏书陆续颁布，内容涉及废除某些旧制度和建立新制度两个方面，基本上反映了维新派改良政治的要求。

但变法遭到了以慈禧太后为首的顽固守旧势力的竭力反对。加之康有为等人既缺乏群众基础，又没有军事力量，只是把希望寄托在一个不掌实权的皇帝身上，因而与顽固派稍加对抗，便败下阵来，百日维新以失败而告终。

戊戌变法在近代中国宪政运动史上具有重要的地位。不同于中国以往的改革，它所要求的是改革整个社会制度，发展资本主义，建立西方式的近代国家，因此是一次具有一定资产阶级性质的进步政治运动。它的失败，也证明用自上而下的改良主义方法来实现资本主义民主宪政的理想，在中国根本行不通。尽管在西方，君主立宪和民主共和只是资产阶级民主宪政的不同形式，但中国是个专制主义的中央集权的封建国家，皇权具有至高无上的地位，因而排除了用君主立宪的形式来实现资产阶级民主宪政的可能。但曾是戊戌变法旗手和主将的康有为与梁启超却未能从血的教训中认识这一点。此后，他们死抱着君主立宪方案不放，反对民主共和国，堕落为保皇派，成了时代的落伍者。相反，孙中山领导的资产阶级革命，则顺应时代潮流蓬勃发展起来了。

资产阶级革命派初试锋芒

20世纪初期，是中国资产阶级革命蓬勃发展的时代。

中国的资产阶级革命，在19世纪的最后几年就已经开始。最早投身于革命运动并逐渐被国内革命志士公认为是这场革命领袖的人物则是孙中山。1894年11月，孙中山在檀香山创办兴中会，以"驱除鞑虏，恢复中华，创立合众政府"为宗旨，决心推翻清朝统治，创建民主共和国。这是中国第一个资产阶级革命团体的纲领，标志着中国资产阶级革命活动的开端。

从建立兴中会开始，孙中山就把武装夺取政权作为革命的首要任务，先后于1895年和1900年发动和领导了广州起义与惠州起义。虽然由于种种客观原因，这两次起义都以失败而告终，却打响了资产阶级革命派武装反清的第一枪，并在群众中引起了极大的反响，用孙中山的话说即"革命风潮自此萌芽矣"。

进入20世纪之后，资产阶级革命活动得到了迅速的发展。造成这种状况的原因主要有两方面：一是民族危机的加深和社会矛盾的激化；二是随着资本主义工商业和新式教育、文化事业的发展，出现了资产阶级、小资产阶级群，他们在政治上日益活跃起来，并很快在日本东京和中国上海形成了两个革命活动中心。两地志士互通声气，协同行动，使得革命形势出现了生动活泼的新局面。

当时，青年学生出国留学，以赴日本为最多，19世纪末不过一二百人，但到1903年就达到了1300余人。1905年到1906年间，又激增至8000多人。这批海外学子接触了新知识新思想，眼界开阔，思想活跃，忧时感愤，成为一支重要的新兴力量。孙中山十分重视对留日学生的联络工作，积极向他们灌输革命思想，热情赞助他们办刊物鼓吹革命，并取得了显著成效，大批留学生投到革命派旗帜下。

1900年，留日学生在东京建立起第一个爱国团体——励志会。部分会员创办《译书汇编》，大量翻译西方资产阶级启蒙时代著名人物如卢梭、孟德斯鸠、约翰·穆勒及斯宾塞等人的作品，宣传民主思想。次年5月，励志会会员秦力山等人在东京创办《国民报》，这是最早提倡颠覆清王朝的刊物，它以鼓吹天赋人权、平等自由而独具特色，还明确地同康有为等保皇党人划清政治界限。1902年冬，鉴于励志会内部严重分化并已解体，爱国志士秦毓鎏、叶澜等另组团体——中国青年会，规定"以民族主义为宗旨，以破坏主义为目的"。这是留日学生中第一个具有明显革命倾向的小团体。在此前后，留日学生还组织了"清国留学生会馆"、"共爱会"等小团体，逐步开展政治活动，把攻击的目标直接对准摇摇欲坠的清王朝。

与此同时，国内知识分子队伍也在不断壮大。1901年后，各地新建学堂陆续增多，各类学堂达到4.24万所，学生人数也不断增加。这些学堂培养出了一批资产阶级和小资产阶级知识分子。他们在民族危难加深和群众运动高涨的形势下，掀起声势浩大的爱国运动，并且很快走上民主革命的道路。

上海是国内学界开展活动的中心。1902年4月，蔡元培、章太炎等在上海成立"中国教育会"，以各种方式宣传资产阶级民主、自由学说。这是国内学界建立的第一个具有革命倾向的爱国团体。不久，蔡元培又组织成立爱国学社。在此影响下，各地教育会、教育研究所之类的组织也应运而生。革命志士们高谈革命，反对专制、奴化和迫害，倡言自由与平等，政治倾向日趋激烈，竞相开展爱国活动。

留日学生的爱国斗争和国内的"学界风潮"是中国资产革命派在政治上崛起的重要表现，这一新型知识阶层一投入社会斗争，就以其特有的觉悟性，把爱国运动和革命运动推向前进。1903年出现的拒法运动和拒俄运动，就是新型知识阶层展示自己爱国民主力量的具体体现。这些爱国斗争推动着民主宪政运动的发展，促使更多的人走上民主革命的道路。

对于日益高涨的民主革命潮流，清政府企图以暴力进行阻遏，但其结果却使革命潮流更加汹涌澎湃。1903年发生的震动全国的"《苏报》案"就是明证。《苏报》1896年创办于上海。戊戌变法后，由落职知县湖南人陈范接办。1902年开辟"学校风潮栏"，开始宣传革命，约章士钊、章太炎、蔡元培为其撰文，以章太炎的介绍《革命军》及《驳康有为论革命书》等最为激烈，鞭挞了清朝二百多年的封建专制，号召以革命打倒清政府，建立资产阶级共和国，在社会上引起强烈反响。清政府对此恼羞成怒，便照会上海公共租界工部局，查封了《苏报》，章太炎、邹容及报馆有关人员被捕入狱。此事使全国人民更加痛恨清政府的黑暗统治，革命派的影响也从此更加风靡全国。

这一时期，随着资产阶级革命派的崛起，民主革命思潮也得到了广泛的传播。许多革命宣传家奋笔疾书，奔走呼号，成了时代的弄潮儿。其中以章太炎、邹容、陈天华等人最为有名。1903年5月，邹容出版了他的《革命军》一书，该书以西方资产阶级的自由、平等、天赋人权学说作为理论基础，尖锐抨击清政府，热情赞扬革命，要求建立一个独立民主的"中华共和国"。在邹容心目中，中国民主革命运动应该以法国大革命和美国独立战争为榜样。他说："立宪法，悉照美国宪法，参照中国性质而定。"他称赞法国卢梭的《民约论》，认为卢梭的学说是起死回生的灵药，返魄还魂之宝方，完全可以根治中国社会的顽固症。在全书的最后，邹容响亮地高呼："中华共和国万岁！中华共和国四万万同胞的自由万岁！"由于这本小书系统地阐发了资产阶级民主主义革命的思想和主张，加以文笔浅近、犀利，说理明澈，情感丰富，因而在当时引起强烈反响，许多人尤其是青年人都以先睹为快。几乎与此同时，湖南人陈天华怀着对清政府的满腔义愤写下了《猛回头》、《警世钟》两书，以强烈的爱国精神和革命勇气，揭露帝国主义列强瓜分中国的危机已迫在眉睫，清政府已成了"洋人的朝廷"，号召人们起来排满，杀洋鬼子，以革命手段推翻清政府。这两部书以通俗易读见长，充满炽热的爱国之情，在各地广为流传，成为资产阶级革命派宣传革命的锐利武器。章太炎当时也是一位叱咤风云的革命宣传家，他的书文政论性极强，具有"所向披靡，令人神往"的魅力和作用，尤其是其在1903年写就的《驳康有为论革命书》，深受民众欢迎。他痛斥康有为所谓"中国只能立宪，不能革命"的谬论，歌颂革命是"启迪民智，除旧布新"的良药，宣传民主与"合众共和"是不可抗拒的历史潮流，号召人民以革命手段推翻清政府。

资产阶级革命派的崛起与发展，客观上要求他们采取一定的组织形式，以达到推翻清朝统治的目的。随着革命思潮的不断传播和进步留学生纷纷回国，从1903年末到1904年，国内一批新的反清革命小团体先后建立，其中影响较大的是湖南的华兴会、湖北的科学补习所和江浙的光复会。这些小团体频繁活动，传播民主革命思想，打击清政府的统治，对于后来国内革命运动的开展，起了重要的促进作用。但同时，由于这些小团体大都是分散性、区域性的团体，活动范围狭小，又没有比较完整的政治纲领，因而在斗争实践中，也存在着明显的局限性。有鉴于此，1905年初，孙中山开始着手筹建统一的资产阶级政党的工作，几经努力，同年8月20日，中国近代历史上第一个统一的全国性的资产阶级革命政党——中国同盟会在日本东京正式宣告成立。孙中山被推为总理，黄兴为执行部庶务长，章太炎、宋教仁、陈天华等被选为各个机构的负责人。至此，全国主要的资产阶级革命派团体在"驱除鞑虏，恢复中华，创立民国，平均地权"的旗帜下，实现了大联合。

一场埋葬清王朝的革命风暴就要来临了。

立宪派的出现与清廷宣布"预备立宪"

20世纪初期的中国政治舞台上，实际上活跃着两个派别的力量，一是革命派，一是立宪派。他们同是民族资产阶级的代表。从大的方面讲，这两个派别的奋斗目标是一致的，都是为实现近代中国政治民主化和民族富强而努力。但是，这两个派别毕竟代表着民族资产阶级内部不同的阶层，因而在如何实现近代中国政治民主化的问题上也存在着明显的差异。代表民族资产阶级中下层利益的革命派强调以革命方式摧毁清政府，革除帝制，建立民主共和政体于中国。相反，代表民族资产阶级上层利益的立宪派则对清政府自我更新和自我完善的能力及自觉性做了不切实际的过高估计，对专制统治的顽固性和腐朽性认识不足，指望在不用革命手段推翻清政府的前提下，在中国实施君主立宪政体。相形之下，立宪派的主张是幼稚而不符合中国国情的，他们的努力和探索不可能结出希望的硕果。

立宪派的出现与 20 世纪初瞬息万变、复杂多样的国内形势密切相关。

1901 年，慈禧太后发布上谕，实行"新政"，并设立了督办政务处，作为主持"新政"的机关。她之所以这样做，当然不是为了改变封建专制制度，也没有在中国实行君主立宪政体的意思，只不过是在清王朝摇摇欲坠的形势下，为缓和对内对外的紧张关系而改换的一种统治方式而已。但若干"新政"，如奖赏实业、废科举、兴学堂，也有一定的积极意义，对资本主义发展起到了某些促进作用。清政府这一举措，在社会上引起较大的反响，特别是由于"新政"的一些内容也包含着戊戌变法志士们所追求的事业，因此，社会上一些人，主要是原来倡导维新变法的改良派，相继发出了立宪的呼声，并由此逐渐扩大为颇有声势的立宪运动。

在 1904 年至 1905 年的日俄战争中，君主立宪制的日本打败了君主专制的沙俄，这一结果极大地影响了中国社会各阶层人士，一时成为人们的热门话题。"日本以立宪而胜，俄国以专制而败"成为多数人的看法。改良派更是从这一结果中受到鼓舞，更坚定了他们对立宪的追求。他们不断加大宣传力度，强调立宪致强，专制必亡，要求清廷实行君主立宪政体。与此同时，清政府内部一些原先的洋务派成员，开明的满族亲贵和汉族大臣以及驻外公使等出于维护清政府统治的考虑和对"内忧外患"时局的认识，也倡行立宪，认为专制政体不改，立宪政体不成，"则富强之效将永无望"。这些位高权重人中的个别者甚至还和一些改良派保持着密切的关系和往来，相互鼓吹立宪。于是，在此情形下，要求立宪的呼声更显广泛，犹如当时报纸所形容的："今日立宪之声，洋洋遍全国矣。上自勋戚大臣，下逮校舍学子，靡不曰立宪立宪，一唱百和，异口同声。"俨然成了一股令人注目的气势。

从主张、要求和所要达到的目标上看，立宪派实际上是 19 世纪维新派的继续与发展。它主要由两部分人构成。一是由改良派转化过来的康有为、梁启超等人。二是 20 世纪初年逐步成长起来的亦官亦商的资产阶级实业家和依附于他们的少数知识分子。前者在请求立宪运动中主要扮演着宣传鼓动的角色，后者则主要从事实际的请愿活动。

立宪派的出现及其活动的广泛展开，把清政府置于十分尴尬窘迫的境地。它虽然对立宪不感兴趣，不愿看到资产阶级立宪派分享自己手中的权力，但不得不对立宪呼声作出某种反应。于是，清政府采取了两面手法，表面上宣布"预备立宪"，暗地里加强封建专制集权。

1905 年 7 月，直隶总督袁世凯、两江总督周馥、湖广总督张之洞联衔上奏，请定 12 年后实行宪政，并奏请简派新贵大臣分赴各国考察政治。上奏后不到 10 天，清廷即发出谕旨，派载泽、戴鸿慈、徐世昌、端方分赴欧美、日本考察政治。随后，又加派绍英参与其事，凑成 5 人，称五大臣出洋考察宪政。由于发生革命党人吴樾"暗杀事件"，10 月 25 日，清政府又改派李盛铎、尚其亨顶替徐世昌、绍英，仍以 5 人为数，再行分途出国考察。

第二年夏秋之交，载泽等先后回国。他们向慈禧太后密陈："欲防革命，舍立宪无他"，大讲立宪与君权的关系。他们举日本宪法为例，说日本天皇权力之严密，有过于中国，实行"宪政"不仅权力没有丝毫下移旁落，而且还可以削弱地方官吏的权力。并称实行立宪有三大好处：一是皇位永固；二是外患渐轻；三是内乱可弭。他们还特别向慈禧说明，现在宣布立宪，只不过表示"宗旨为立宪之预备"，至于实行之期，则可放宽年限。他们的建议得到了慈禧的赏识。慈禧立即召集"御前会议"进行讨论，认为这是一个巩固皇权、消弭革命的好办法，决定采纳施行。1906 年 9 月 1 日，慈禧颁布上谕，宣布"预备立宪"。规定立宪的根本原则是："大权统于朝廷，庶政公诸舆论，以立国家万年有道之基。"但同时又说目前"规则未备，民智未开"，需要"查看情形"，再议定立宪的时间。

15

这是清政府玩弄的一个骗局，而且是一个十分拙劣和蹩脚的骗局，整个上谕显示不出任何立宪的诚意。清政府实际上是把全国人民作为愚昧可欺、任意摆布的对象来看待的。正如孙中山为首的资产阶级革命派所揭露的那样，"预备立宪"的一整套做法都以"立宪为表，中央集权为里"，目的依然是保证清政府的统治权。

4 三次国会大请愿

虽然清政府的"预备立宪"是一个具有欺骗性的花招，然而却使立宪派感到欢欣鼓舞，以为清廷要从此开放政权，从而可以真正实现他们梦寐以求的君主立宪的政治方案了。于是，他们纷纷成立各种立宪团体，竭尽全力为立宪奔走呼号。

远在海外的康有为、梁启超似乎忘记了他们是未赦免的政治犯，加紧整顿组织，积极展开活动。康有为把原来反对慈禧拥护光绪皇帝的"保皇会"改为国民宪政会，梁启超于 1906 年 10 月在日本东京成立了政闻社，还为立宪运动提出了 4 项目标。国内的立宪派更为活跃。尤其是以近代民族资本企业较集中和发达的江浙地区最为突出。1906 年 12 月中旬，著名实业家、江苏南通人张謇联络江苏、浙江、福建等地的官僚、绅士以及商界、学界的一些代表在上海成立了"预备立宪公会"，推举郑孝胥为会长，张謇、汤寿潜为副会长，尽纳江浙新派名流。这一立宪团体由于实力雄厚，涉及面广，加上还有岑春煊、袁世凯、张之洞等政界要员的支持，因此显得不同凡响。随后，其他一些立宪团体也纷纷成立，如汤化龙在湖北成立了宪政筹备会，谭延闿在湖南组织了宪政公会，丘逢甲在广东建立了自治会。据不完全统计，在清末立宪运动中，各地（包括海外华侨、留学生）建立的立宪团体将近80个，形成了一股浩浩荡荡的激流。

自1906年以后，立宪运动逐渐走向高潮。立宪派认为，国会是立宪的关键，是"立宪之真精神所在"，清政府要真想立宪，就应该明确年限，速开国会。否则，就是无意真正实现立宪。一些立宪派的有识之士已从清政府的所作所为中意识到，专制统治者是不会自愿实行立宪、自愿开国会的，只有联合起来进行奋争，才会获得结果。他们甚至提出：有强迫政府立宪的国民，没有自行立宪的政府，号召天下人不能坐待清政府布恩施惠开设国会。于是，在立宪派的鼓动和领导下，一场席卷全国的国会请愿活动便应运而生了。

从发展变化的历程看，请愿活动大致经历了三个阶段：第一阶段为1907年秋到1908年夏，主要是各省和立宪团体分别进行请愿签名活动；第二阶段为1909年10月到1910年11月，集中表现为立宪派联合发动三次大规模请愿高潮；第三阶段从1910年12月到1911年1月，由于清政府镇压，请愿活动陷于失败。

最早提出国会请愿问题的是著名的立宪派首领杨度。他在1906年冬写的《中国新报叙》一文就已

17

涉及这个问题。1907 年春，他在给梁启超的信里更明确地提出，应把国民的注意力完全集中到开设国会这个目标上来。随后，杨度在日本东京发起成立了"宪政讲习会"（后改名为宪政公会），率先发起国会请愿活动。

1907 年秋，宪政讲习会会长熊范舆及沈钧儒、雷光宇、恒钧等领衔，给清政府上了第一份要求速开国会的请愿书，并提出了他们关于国会权力的主张。这份请愿书在报纸发表后，引起人们的广泛关注。由于宪政讲习会的骨干大都是湖南人，他们回国后首先在湖南、上海展开活动。结果湖南最先派出请愿代表赴京，由此带动各省立宪派陆续发起请愿签名活动。到 1908 年春夏，河南、江苏、安徽、直隶、奉天、吉林、山东、山西、浙江等省先后派出代表入京上请愿书。各省在请愿书上签名的一般都有四五千人，多者在万人以上，显示了相当的群众性。一些驻外使节、留学生也纷纷发电请速开国会，甚至一些京官也上了请开国会的奏折。要求速开国会一时成为全国舆论的中心。

但清政府对这场请愿活动从开始就抱抵制态度，寻机予以镇压。当时正在德国"考察宪政"的顽固派于式枚，给朝廷上了一个奏折，大肆攻击请愿活动，要求朝廷"随时劝导，遇事弹压"。这种直接反对立宪的态度当即遭到立宪派人士的反对。1908 年 7 月，政闻社员、法部主事陈景仁发电要求清廷明定三年即召开国会，并要求把于式枚革职。这触怒了朝廷。于是，清政府一面借口皇帝患病，把各省立宪派递交的请愿书搁置下来，搪塞拖延；另一方面以政闻社"良莠不齐"、"纠结党类"、"阴谋煽惑，扰害治安"为由，下令查禁政闻社，缉捕康、梁党徒，将陈景仁革职拿问。但在当时政治形势下，清政府又不敢把事态激化，在拿康、梁开刀问罪之时，也不得不缓和一下与立宪派的矛盾，随后于8月27日颁布《钦定宪法大纲》和9年筹备立宪清单。宣布9年后召开国会，推行宪政。

《钦定宪法大纲》共计23条，分为"君上大权"和"臣民权利义务"两大部分。其中"君上大权"14条，规定：皇帝有颁行法律、发交议案、召集关闭解散议院、黜陟百司、设官制禄、编写官制、统帅陆海军、宣战媾和、订立条约、宣告戒严、发布命令及总理司法等至高无上的权力。"臣民权利义务"9条，除纳税、当兵外，还规定一些封建法律允许范围内的言论、出版、著作、集会、结社的权利和自由。这个大纲是按照1889年日本帝国宪法拟定的，是清政府将来起草钦定宪法时的纲要，因而不是宪法，没有法律效力。

尽管立宪派对这个典型的保障君主极端集权专制的宪法大纲不满意，对9年立宪期限也感到有些太长，但因为不久光绪帝和慈禧先后死去，加之清政府在9年筹备立宪清单中还规定，1909年各省一律成立谘议局，于是，立宪派便转而投入筹开谘议局的活动，请愿活动暂告沉寂。

1909年10月，各省谘议局成立，立宪派的活动分子纷纷当选为议员，主要人物都当上了各省谘议局议长。这些人以"合法"的身份,"国民代表"的资格,批评时政,发表演说,函电交加。于是,国会请愿活动再度出现高潮。

江苏谘议局议长张謇首先带头发动,先后联合16省谘议局议员代表50余人,组成赴京请愿代表团,公推直隶议员孙洪伊为领衔代表。1910年1月16日,代表团向都察院呈递请愿书,要求一年内即开国会。但清政府借口筹备事宜还未结束,国民知识程度参差不齐,拒绝了提前召开国会的要求。这次请愿虽具有全国规模,但基本局限于谘议局议员范围,缺乏群众力量和声势,因此没有取得什么结果。

立宪派对这次请愿的受挫是有思想准备的。他们按照原定的计划,继续进行请愿活动,并做了一些新的部署。首先,为了扩大请愿活动的声势,他们组织了国会请愿同志会,在北京设总部,各省设分会。其次,决定由各省捐款在京师设报馆,创办《国民公报》,扩大舆论宣传。

1910年6月16日,各省请开国会代表再次发动了请愿活动。代表们破除省界,以全国各种社会团体的名义,向都察院递送了10份请愿书。这次请愿活动无论是参加人数、活动规模,还是组织方式,都比前一次有了很大的进步。据记载,到京代表共150余人,南洋和澳洲华侨也派出请愿代表到京。各省签名参加请愿者号称30万。许多省还举行了大规模的群众集会,不少人写血书寄给北京代表团,表示争开国会的决心。请愿书的语气也比上次来得激烈,产生了很大的轰动效应。6月27日，清廷发布上谕，训示立宪派，以后"毋得再行渎请"，企图堵塞进一步请愿的途径。但这时朝廷的一纸空文已经吓不倒立宪派，他们决心已定，明确表示若请愿无效，"决为三次准备，誓死不懈"。8月，各省谘议局联合在北京举行会议，许多省的议长、副议长亲自参加，会议决定向即将开设的资政院要求速开国会。第三次请愿活动随即拉开大幕。

清政府慑于各方压力，不得不宣布缩短预备立宪的年限，定于1913年召开国会。在召开国会以前，先成立责任内阁。同时，清政府又严厉宣称："年限一经宣布，万不能再议更张"，下令各省请愿代表即日解散回省。

国会请愿活动是一场大规模的资产阶级民主爱国运动，各阶层群众都直接或间接地参与了这次运动，具有相当广泛的群众性。国会请愿活动就其本身目标来说是失败了，但在客观上产生了很大的社会作用。立宪派在请愿活动中多次揭露清政府预备立宪的虚伪和朝廷的腐败，有助于加强革命宣传和促进人们的觉醒，同时也沉重打击了专制政权的威信，使人们受到了一次普遍的民主教育。所以说，这场运动在一定程度上促进了革命的早日到来，加速了清王朝的崩溃。

 5 资政院和谘议局的开设

在清末"预备立宪"和立宪派国会请愿过程中，清政府开设资政院和谘议局在当时曾引起很大的轰动。

按立宪派的主张，要实行立宪就必须实行西方资产阶级代议制，设立议会。清政府既然作出了"预备立宪"的姿态，也就无法回避这一问题。还在1906年11月，清政府就答应要设资政院，以立议院基础，但并未付诸实践。1907年10月19日，清政府又发布上谕，除在京师设立资政院外，要求各省督抚一律在省会速设谘议局。翌年7月，在国会请愿活动持续高涨时，清政府不得不颁布《资政院院章》前两章和《钦定谘议局章程》。一年后，又公布《资政院院章》全文10章。这样，经过数年的拖延，资政院于1910年10月在北京贡院正式举行开幕大典，并召开第一次常年会。

清政府开设的资政院并不是正式的议院，清廷也没有把它作为具有立法权的议事机构来看待。章程明文规定：资政院是遵旨设立，"以取决公论，预立上下议院基础为宗旨"。资政院应议的事项是：奉旨饬议事件；新定法律事件；岁出岁入预算事件；税法、公债事件；人民陈请事件。1911年的《改定资政院章程》中，增加岁出岁入决算及法律修改事件两项，但对人民陈请事件则作了限制。

资政院设总裁1人，副总裁2人，都由"钦定"王公大臣充当。议员分为"钦选"和"民选"两类，各占100个议席。凡是宗室王公世爵、满汉世爵、外蕃王公世爵、宗室觉罗、各部院衙门官、硕学通儒以及纳税者均为钦定议员。民选议员则由各省谘议局选举产生。

可见，资政院虽然具备了议院的雏形，但还不是正式的议院，而是作为正式议院成立前的"预备"机构。因而它只负有"建言之权"，并无强制政府施行的权力。实际上它是清朝皇族统治者玩弄立宪的装饰品。正因为如此，所以当资政院成立时，不仅资产阶级革命派予以反对和揭露，把资政院形象地比喻为"资政禅院"，号召人民不要对这种烧香拜佛的殿堂抱任何幻想，就连立宪派人士也深为不满，认为资政院权力轻，制度乱，与议院法理相舛而背驰，显得不伦不类，非驴非马。

但是，虽然如此，资政院的设立毕竟是中国几千年封建专制史上前所未有的新鲜事物。由于在资政院的民选议员中，立宪派占有绝大多数，且多为年富力强者，因而在很多问题上同清政府进行过一些曲折微妙有时甚至是相当激烈的斗争。他们积极活动，力图使资政院成为名副其实的西方式议会。他们利用"合法"的方式在资政院指陈时弊，弹劾军机大臣，抨击清朝统治的黑暗腐朽，表现出了不愿充当清廷御用工具的立场。可以说，清政府开设资政院，是要假戏假做，是以立宪之名，行专制之实；而立宪派的民选议员则要假戏真做，要在清朝封建君主专制制度的一潭死水里，荡起君主立宪的涟漪，使资政院成为他们争取入阁掌权的跳板。

在 1910 年 10 月 3 日到 1911 年 1 月 10 日的资政院第一次常年会上，最引人注目、讨论最激烈的是"速开国会案"和"速设责任内阁案"。经过立宪派议员的努力抗争，资政院最后决定采用起立法表决"速开国会案"。当副总裁沈家本宣布表决时，全体议员相继起立，"速开国会案"获一致通过。

10 月 6 日，资政院举行全体会讨论《陈请速开国会具奏案》。与会绝大多数议员都希望皇上开恩，尽快设立上下议院，并指出若再延耽数年，恐中国不可收拾。资政院还于次日请军机大臣到院签复质询，但军机大臣答非所问，故意避而不谈速开国会一事，致使一部分议员气愤至极，纷纷质问军机大臣，请其务于即日当场宣布。11 月 4 日，清廷迫于压力，终于宣布定于 1913 年召开国会。

"设立责任内阁案"虽以流产告终，但在讨论过程中，立宪派议员同样表现出了相当的勇气，甚至不惜以辞职或请政府解散资政院相威胁。

还在资政院成立前一年的 10 月，各省纷纷成立了谘议局。

按照《钦定谘议局章程》规定，谘议局是各省"采取舆论之地"，陈述"通省利病筹计地方治安为宗旨"的机构，也就是地方"民意"机关。谘议局议员的名额依据各省不同情况有很大的差别，最多的是顺直 140 名，最少的是吉林、黑龙江、新疆各 30 名。议员选举办法，采用复选制。先由选举人在州、县选出若干选举议员人，再由选举议员人到道、府所在地投票选出议员。采用这种复选法，主要原因是清政府为了便于控制，避免那些不合政府心意的人当选。选举人的资格，必须是本省籍贯的男性，年满 25 岁，具备下列条件之一者：①曾在当地办教育或其他公共事业 3 年以上并有显著成绩；②在本国或外国中学毕业，或具有同等学力；③举贡生员以上出身；④曾任实缺职官文七品、武五品以上未被参革者；⑤在本省地方有5000元以上商业或不动产者。从这些爵位、官职、学历、财产、性别以及年龄等限制看，劳动群众是没有选举权的。因此，各省谘议局议员的选举缺乏应有的群众基础，其代表性受到限制。但是，上述规定在一定程度上对资产阶级还是有利的，尤其是对资产阶级上层有着很大的吸引力。许多立宪派人士纷纷当选为议员，不少立宪派的主要代表被举为议长、副议长或常驻议员。如江苏的张謇、湖南的谭延闿、四川的蒲殿俊、山西的梁善济、奉天的吴景濂、湖北的汤化龙等，都被举为各该省议长。他们利用谘议局这样一个合法的场所，积极地开展立宪政治运动。

辛亥革命前，在立宪派的努力和影响下，各省谘议局不但发动并领导了国会请愿活动，而且在各省行政、财政、法律监督、禁烟、禁赌等重大问题上也极力维护自己的权力，反对督抚独断专行，通过了一些违背朝廷旨意，有利于人民的议案。更值得一提的是，1911年后，四川、湖北、湖南、广东等省谘议局还掀起了拒债保路保矿运动，反对清政府的媚外卖国政策。随着清政府立宪骗局逐渐为人们所识破，革命运动不断高涨，各省一些立宪议员也纷纷改变依靠清政府进行政治体制改革的态度，由原来的反对革命开始转向同情革命。他们以谘议局为基地，从事反清民主活动，加速了清政府集团内部的分化，客观上对辛亥革命的发生起到了促进作用。

二 辛亥革命胜利与民初宪政实践

南京临时政府成立

在清政府不断施展"预备立宪"骗术，资产阶级立宪派满怀激情为中国实现君主立宪政体竭力奔走的时候，1911 年 10 月 10 日，资产阶级革命派领导和发动的武昌起义爆发了。

从根本上讲，以孙中山为代表的资产阶级革命派对清政府所谓的"预备立宪"是持反对态度的，认为那不过是一种假象而已，骨子里依然是为了维护其反动统治。革命派不相信清政府自身净化的能力，更不相信它会有进行自身净化的诚意。

还在 1905 年同盟会成立不久，资产阶级革命派与康有为、梁启超等立宪派之间就展开了一场大辩论。辩论的核心是推翻帝国主义的走狗清政府，建立一个资产阶级民主共和国，还是继续维持腐败无能的清王朝，寄希望于专制君主实行立宪？革命派旗帜鲜明地指出，要拯救中华民族，改变不平等的贵族政治，必须坚决推翻清朝专制政府，建立实行民权立宪制度的共和政体。这种政体没有等级差别，人人平等，"最美、最宜"，建立了这种政体，国家就"有磐石之安，无漂摇之虑矣"。同时，革命派还提出，平均地权乃是中国农民摆脱贫困的必由之路。通过大论战，康梁等立宪派受到很大的冲击，而革命派的主张则得到越来越多人的赞同。从此，革命风潮一日千里，迅速向前发展。

武昌起义发生后，立即得到全国各地的响应，很短的时间内，便有湖北、湖南、陕西、山西、江苏、浙江、安徽、广东、广西、福建、云南、贵州、四川13个省和上海市宣布独立，建立了军政府或都督府。其他一些省份也发生了革命党人组织或群众自发的反清斗争。清王朝的覆灭和资产阶级民主共和国的诞生已指日可待。

为了巩固已经取得的成果，推动革命继续向前发展，有些宣布独立的省便依据三民主义的精神，并参照美法等国的宪法，制定了临时约法。其中，以1911年11月9日湖北军政府公布的《中华民国鄂州约法》最为突出。这部约法共计7章60条，以根本大法的形式，规定鄂州政府实行三权分立的原则，实行政务委员制度。同时还对人民的权利和义务以及发展资本主义工商业等作了明确规定。

《中华民国鄂州约法》是中国资产阶级颁布的第一个地区性的约法，也是第一个具有宪法性质的文献，对于加速清朝专制统治的灭亡，早日建立资产阶级共和国起了重要作用。

从 1911 年 11 月开始，南方独立各省便展开了建立中央革命政权的活动。11 月 30 日，各省代表联合会在汉口召开，通过《中华民国临时政府组织大纲》，议决以南京为临时政府所在地。

12 月 25 日，孙中山从海外归来。他虽然没有直接参与领导武昌起义，但由于在长期斗争中形成的崇高威望，是革命党人和起义群众公认的领袖。因此，孙中山回国，成为众望所归的临时大总统人选。29 日，在南京的各省代表正式选举临时大总统。17 省代表投票，孙中山以 16 票的压倒多数当选为中华民国第一任临时大总统。1912 年元旦，孙中山在南京宣誓就职，中华民国正式宣告成立。

"临时政府，革命时代之政府也。"孙中山在《临时大总统就职宣言》中以这样的话语，申明了他所领导的南京临时政府的性质。虽然临时政府中有归附革命的立宪派、旧官僚中的一些头面人物，但革命派控制着实权，起着主要作用。

南京临时政府成立后，以革命的进取精神，制定和颁布了一系列新政策。在保障人权平等方面，宣布人民享有选举、参政等公权，享有居住、言论、出版、集会、结社、信教等私权；废除奴婢卖身契约，保障受歧视的"疍户"、"惰户"、"丐户"等所谓"贱民"的公民权；禁止贩卖华工，保护华侨，禁止刑讯和体罚，焚毁不法刑具等。在改革封建专制制度的陈规陋习方面，宣布革除清官场中"大人"、"老爷"一类的封建等级称号，规定政府人员称官职，民间互称"先生"或"君"，宣称公务人员是人民的公仆；限期剪辫，劝禁缠足；禁止赌博，禁种禁食鸦片；废止跪拜，改行鞠躬礼等。南京临时政府还颁布了保护工商业的法令，鼓励兴办实业，提倡垦殖。在改革文化教育方面，也采取了一些进步措施。

南京临时政府上述政策措施，都具有资产阶级民主性质，为资产阶级民主宪政运动的深入发展创造了一定的条件，并且对此后民主宪政运动产生了重大影响。

临时参议院与《中华民国临时约法》

南京临时政府成立后，立即通电各省选派参议员，以便依临时政府组织大纲的规定，成立临时参议院。

1912 年 1 月 28 日，临时参议院召开正式成立大会。出席会议的议员有 31 人（正式议员 42 人，11 人缺席）。其中同盟会籍的议员占有绝大多数议席。临时大总统孙中山出席会议并发表演说。他在讲话中说："革命之事，破坏难，建设尤难"，勉励各位参议员齐心协力，肩负起神圣的历史使命，为国家民族竭衷尽职。会议最后选举林森为议长，陈陶怡为副议长，李肇甫为审议长。

当时，摆在临时参议院面前的主要任务是制定法律，议决议员和政府提出的议案。而最刻不容缓的任务莫过于尽快修改《中华民国临时政府组织大纲》，颁定《临时约法》。因为武昌起义后由各省代表会制定颁布的《中华民国临时政府组织大纲》无论在形式上或内容上都存在着许多严重的缺陷。主要是：它没有规定人民权利和义务，规定限 6 个月内由临时大总统召开国会，为期太促，难能办到。因此，这个大纲颁布后不久，即有人主张对其大加修改。

南京临时政府成立后，各省参议员又纷纷提出修改临时政府组织大纲的意见。1912 年 1 月初，各省代表会推举景耀月、马君武、王有兰、吕志伊、张一鄂 5 人组成起草委员会，拟具临时政府组织大纲修正案。他们在拟订修正案过程中，认为过去没有人民权利和义务一章，现在增加了这一章，若仍叫原来的名称，似有不妥，故决定改为《大中华民国临时约法草案》或《中华民国临时约法草案》，以求名实相符。临时参议院成立后，继续进行临时约法的审查工作，直到 3 月 8 日临时参议院正式议决通过《中华民国临时约法》，11 日，由临时大总统孙中山公布施行。

《临时约法》包括总纲、人民、参议院、临时大总统副总统、国务员、法院、附则共 7 章 56 条。

《临时约法》总纲部分规定：中华民国的主权，属于国民全体。中华民国领土，为 22 个行省、内外蒙古、西藏、青海。中华民国以参议院、临时大总统、国务员、法院行使其统治权。

关于人民的自由、权利和义务，《临时约法》规定：中华民国人民一律平等，无种族、阶级、宗教的区别。人民享有人身、居住、财产、言论、出版、集会、结社、通信、信仰等自由；享有请愿、诉讼、考试、选举和被选举的权利；负有纳税、服兵役等义务。千百年来，中国人民在封建专制制度的压迫下，"集会有禁，文字成狱，偶语弃市"，连最基本的做人的自由平等权利都没有。资产阶级革命党人却以真诚的民主主义精神，在国家根本大法中明确规定了人民的自由民主权利，这是亘古未有的大事，是历史上的创举。它对于启发人民民主主义觉醒，摧毁封建等级特权制度，有着十分重要的作用。

关于参议院，《临时约法》规定：参议院是立法机关，由议长和参议员组成。议长由参议员用记名投票法互选，以得票满投票总数半数者为当选。其职权有两方面：一是对内，维持议院秩序，整理议事；二是对外，代表参议院。参议员由每行省、内外蒙古、西藏各选派 5 人，青海选派 1 人。凡年满 25 岁以上的中华民国男子，均可派充为参议员。但剥夺公权者及停止公权者、吸食鸦片者、现役海陆军人、现任行政职员及现任司法职员不得选派为参议员。

作为最高立法机关，参议院拥有 12 项职权：议决一切法律；议决临时政府的预算、决算；议决全国的税法、币制及度量衡的准则；议决公债的募集及国库有负担的契约；承诺临时大总统对国务员及外交大使公使的任命及宣战、媾和、缔结条约、宣告大赦等事件；答复临时政府咨询事件；受理人民的请愿；得以关于法律及其他事件之意见，建议于政府；得提出质

31

问书于国务员，并要求其出席答复；得咨请临时政府查办官吏纳贿违法事件；参议院对于临时大总统，认为有谋叛行为时，得以总员 4/5 以上出席，出席员 3/4 以上可对其进行弹劾；对于国务员，参议院认为失职或违犯时，得以总员 3/4 以上出席，出席员 2/3 以上可对其决定弹劾。

为保障参议员行使以上职权，《临时约法》还规定：参议员在院内的言论及表决，对于院外不负责任。除现行犯及关于内乱外患的犯罪外，非得参议院许可，参议员于会期中不得逮捕。

关于临时大总统、副总统，《临时约法》规定，由参议院选举产生。产生方法以参议员总员 3/4 以上出席，得票满投票总数 2/3 以上者为当选。临时大总统代表临时政府，总揽政务，公布法律。其职权主要有：为执行法律或基于法律的委任，发布命令；制定官制官规，但须提交参议院议决；任免文武职员，但任命国务员及外交大使公使，须得参议院同意；经参议院同意，可宣战、媾和及缔结条约；依法律宣告戒严；代表全国接受外国的大使公使；向参议院提出法律案；颁给勋章及其他荣典；宣告大赦、特赦、减刑、复权，但大赦须经参议院同意；统率全国海陆军队。临时副总统在临时大总统因故去职，或不能视事时，代行其职权。国务员由临时大总统任命，但须得参议院同意。国务员辅佐临时大总统负其责任，在临时大总统提出法律案、公布法律及发布命令时，须签名副署。国务员如受参议院弹劾，临时大总统应对其免职，但可交参议院复议一次。

关于法院，《临时约法》规定，这是国家的司法机关。该院以临时大总统及司法总长分别任命的法官组成。法院依法律审判民事诉讼及刑事诉讼，"法官独立审判，不受上级官厅之干涉"。

此外，《临时约法》还规定了严格的修改程序，即约法修改须由议员 2/3 以上或总统提议须议员 4/5 以上出席，出席人数 3/4 的议决，才能增修。《临时约法》公布之日，各省代表会议制定的《临时政府组织大纲》便宣布废止。

与《临时政府组织大纲》相比，《临时约法》不仅内容更趋充实完备，而且表现出了一些不同特点，其中最突出的就是强调分权制衡原则，同时赋予参议院以包括制约总统的广泛权力，加强对总统的监督。《临时约法》这一突出特点，主要是基于对当时总统人事变更上的考虑。因为在 1912 年 2 月临时参议院审议临时约法草案之际，南北议和告成，孙中山依议要辞去临时大总统职务，让位于袁世凯。但革命党人对袁世凯仍然心怀戒备，为限制他的权力，防止他的独裁，便决定将《临时政府组织大纲》中的总统制修改为《临时约法》中的责任内阁制，并规定扩大参议院的权力，希冀以此办法使袁世凯就范，维护民主共和制度。

《临时约法》是仿效西方资产阶级民主制度而制定出来的。它体现了资产阶级的利益和意愿，不可避免地存在着很大的局限性。可是，它以国家根本大法的形式，将资产阶级民主共和制度取代封建君主专制制度的革命成果法典化和条文化，这就有助于否定封建专制皇权的绝对权威，使资产阶级革命党人在日后捍卫民主共和制度的斗争获得法律依据和舆论力量。因此，它是一个革命的约法，在近代中国宪政运动历史上具有划时代的意义。正如毛泽东所说："民国元年的《中华民国临时约法》，在那个时期是一个比较好的东西，当然，是不完全的，有缺点的，是资产阶级的，但它带有革命性、民主性。"

第一届国会选举及召开

国会是资产阶级民主共和国的象征，也是资产阶级政治制度的核心。按照《临时约法》规定，在约法施行后，限 10 个月内，由临时大总统召集国会。据此，已由南京迁至北京的临时参议院陆续制定了《国会组织法》、《参议院议员选举法》和《众议院议员选举法》，并于 8 月 10 日由临时大总统袁世凯正式公布施行。

《国会组织法》规定，国会采取两院制，由众议院和参议院组成。参众两院均由议员组成。参议院有议员（简称参议员）274 人，众议院有议员（简称众议员）596 人，两院共计议员 870 人。两院议员皆称国会议员。

参众两院议员虽都由选举产生，但选举方法有明显区别。参议员为团体选举制，称为"代表特别社会势力之集团"。所谓团体选举制，即由省议会各选出 10

名，共 220 名；蒙古选举会选出 27 名；西藏选举会选出 10 名；青海选举会选出 3 名；中央学会选出 8 名；华侨选举会选出 6 名。众议员采取复选制（亦称间接选举），由各地按人口比例选举产生，称为"代表地域性议员之集团"。所谓复选制，即先选举"初选当选人"，然后在"初选当选人"中选出议员。一般来说，每 80 万人可选议员 1 名，人口不满 80 万的省，亦得选出议员 1 名。各省选出的名额如下：直隶 46 名，奉天 16 名，吉林 10 名，黑龙江 10 名，江苏 40 名，安徽 27 名，江西 35 名，浙江 38 名，福建 24 名，湖北 26 名，湖南 27 名，山东 33 名，河南 32 名，山西 28 名，陕西 21 名，甘肃 14 名，新疆 10 名，四川 35 名，广东 30 名，广西 19 名，云南 22 名，贵州 13 名，蒙古 27 名，西藏 10 名，青海 3 名。

　　无论参议院还是众议院，在议员资格方面都有严格的年龄、性别、财产、文化程度等限制。它规定，年满 21 岁，居住在选区内 2 年以上的男子，具备年纳直接税 2 元以上、有 500 元以上不动产、小学以上毕业或相当学力资格之一者，才有选举权；年满 25 或 30 岁以上的男子，并"通晓汉语者"，才有被选举权。从当时情况看，上述这些关于选举者和被选举者资格的规定有很大的不合理性。首先，剥夺了广大妇女的选举权利，表明即使在民国初年妇女解放运动有相当发展，男女不平等和歧视妇女的社会陋习在国家的政治生活中仍有很大的市场。其次，剥夺了广大劳动群众的选举权利。按选举法的规定，有产者有选举权，而无产者及少有资产者没有选举权；有文化者有选举权，而无文化者没有选举权。这样，劳动群众都被排斥在享有选举权的范围之外。最后，剥夺了部分商业资本家的选举权利。选举法中规定的所谓直接税，以地丁漕粮为限。所谓不动产的范围，则包括所有权及抵当权，船舶亦以不动产论。换言之，农村年纳地丁漕粮2元以上的地主富农有选举权，城市中有500元以上不动产的工业资本家有选举权，而城镇有数万数十万甚至数百万动产的商业资本家则被剥夺了选举权。难怪《国会选举法》颁布后，立即引起全国工商业界人士的强烈不满，纷纷指责选举法的规定对工商界"不公"，"是分明剥夺工商之选举"。

国会组织法和选举法颁布后，各个政党为了争夺选票，取得国会多数议席，以便组织内阁，展开了激烈的竞争。当时，活动最积极的有三派四党。三派是：资产阶级革命派、立宪派和北洋军阀官僚派。四党是国民党、统一党、共和党和民主党。

国民党是以同盟会为主干并联合几个小党派而组成的政党，是民初政党中的第一大党。统一党、共和党及民主党基本上是与国民党直接对抗的三个政党。它们的政纲虽然不尽相同，但大都由立宪派、旧官僚以及同盟会中的反对派组成，都主张与国民党抗衡，表示有条件地拥护袁世凯的统治。因此，在行动上多是一致的。

四个主要政党成立后，立即投入到国会议员的竞选活动中。他们的竞选方式多种多样，有的宣传"党义"，争取选举人；有的用金钱收买选票，每投一票，少者 2 角，多者数百元；有的请客送礼，贿赂选举人；有的让亲属投票；有的雇人投票；有的强迫选举人投票；有的虚报选民人数，诸如此类，五花八门，举不胜举。

从 1912 年 12 月上旬到 1913 年初，第一届国会参众两院议员的选举全部结束。据 19 个省的统计，在选出的 500 名众议员中，隶籍国民党者多达 338 人，隶属共和、民主、统一三党者仅有 131 人。在议员选举中，尽管袁世凯利用金钱和权势，竭力支持他所操纵的胁从党，并对国民党进行分化瓦解，但选举结果，国民党仍然取得压倒性的胜利。在参众两院的 870 个席位中，国民党共得 392 席，占全部议席的 45%。共和、民主、统一三党总共所得议席只有 223 席，不足总数的 26%。其余 255 席为超然派与跨党者所得。选举的结果在一定程度上表明了人心的向背，不仅对拥护袁世凯集权专制的政党是一次沉重的打击，而且大大提高了国民党在全国的威望，对袁世凯的专制独裁构成了严重威胁。

1913 年 4 月 8 日，中华民国第一届国会在北京众议院议场召开。出席议员有 682 人，其中参议员 179 人，众议员 503 人。国务总理及外交、陆军、海军、司法、农林、交通各总长均莅会。在参众两院议长选举中，国民党的张继当选为众议院议长，王正廷当选为副议长，民主党汤化龙当选为参议院议长，共和党陈国祥当选为副议长。至此，中国资产阶级多年来为之奋斗的第一届国会宣告成立。

国会成立后，根据《临时约法》和《国会组织法》的规定，即着手组织宪法起草委员会，进行宪法起草工作。

北洋军阀肆意践踏民主宪政

辛亥革命的胜利和民初的宪政实践，把近代中国宪政运动推上了一个新阶段。中国民族资产阶级，尤其是资产阶级革命派所做的种种不懈努力，都是为着一个目的，即建立并且巩固资产阶级民主共和国，打倒并且彻底消灭封建专制制度。

但是，当资产阶级革命派刚刚把民主宪政的种子培育成可喜的幼苗的时候，就遭到了凛冽而残酷的严寒的袭击。幼苗在痛苦中被扼杀掉了。这股严寒便是以袁世凯为代表的封建北洋军阀势力。

1912年春，袁世凯利用资产阶级革命党人的弱点，玩弄欺骗的权术，迫使孙中山辞职，从而登上了临时大总统的宝座。但当时袁世凯的真正面目还没有完全暴露出来。在他上台后的最初一段时间里，依然打着"共和"的旗帜，花言巧语地迷惑革命党人和全国人民。他虚伪地表示，"共和为最良国体"，"永不使君主政体再行于中国"，甚至信誓旦旦地保证："深愿竭其能力，发扬共和之精神，涤荡专制之瑕秽。"而实际上，他无时无刻不在利用其权势和社会力量，破坏资产阶级革命所取得的成果，践踏民主宪政，加强专制统治。

袁世凯的真实面目是在 1913 年 3 月发生的"宋案"中暴露出来的。

当时，第一届国会选举结果已经揭晓，国民党获得巨大胜利，全党上下一片欢腾。主持党务工作的宋教仁更是兴高采烈，踌躇满志，自以为很快就可由国民党组阁，他将出任内阁总理，施展其政治抱负。然而，他万万没有料到，袁世凯已把他和国民党视为推行专制独裁的最大障碍，决心予以清除。3 月 20 日，宋教仁动身返京，在上海火车站遭暴徒枪击，伤重而亡。

"宋案"发生，举国震惊。袁世凯故作惊愕，装模作样下令要"穷追主犯"，"按法严办"。"穷追"的结果，不仅抓获凶手、同谋犯，而且抄缴出与"宋案"有关的大量函件、密电。原来指使凶手的是袁的死党、内务部秘书洪述祖和内阁总理赵秉钧，幕后策划者正是袁世凯自己。消息传出，一时舆论大哗。

血的事实，教育了国民党人，特别是孙中山看清了袁世凯破坏民主宪政的丑恶嘴脸，决定发动二次革命，讨伐袁世凯，挽救垂危的民国。南方一些省份的都督相继响应，表示要为民国的命运而战。国会中的国民党议员也对"宋案"的发生表示了极大的愤慨，纷纷要求从速处理。

"宋案"发生后，袁世凯深知仅靠散布谣言、混淆视听的手法难以平息国民党和人民群众的愤怒，于是他决定先发制人，筹措战费，布置军事。4 月 20 日，他向奥国秘密借款 320 万镑。26 日，背着国会又与英、法、德、日、俄 5 国银行团签订了 2500 万镑的所谓"善后大借款"合同。

在合同签字的前一天，国会参议院得知消息，立即推举代表到总统府要求面见袁世凯，试图阻止政府这一违法行为。许多议员纷纷向国会提出质问和弹劾案，要求取消借款合同。参议院还召开会议，要求国务总理及外交、财政总长出席并答复议员质问。当发现袁世凯政府与奥国秘密借款后，国民党议员邹鲁等人甚而提出弹劾政府全体阁员案。

但是，袁世凯根本不顾国会的强烈抗议，一意孤行，在借款基本得手后，于 6 月公然下令免去由国民党人担任的三省都督，即江西李烈钧、广东胡汉民、安徽柏文蔚，接着派兵南下，准备以武力消灭南方各省的革命力量。由于国民党人内部缺乏团结，步调不一，加之仓促应战，很快被袁世凯各个击破。这样，"二次革命"不到两个月就失败了。孙中山、黄兴等遭到袁世凯通缉，逃亡日本。

"二次革命"后，国民党武装被削平，地盘被占领，袁世凯的势力进一步巩固，政治野心也随之膨胀。他为了爬上正式大总统的宝座，进而达到复辟封建帝制、建立袁氏王朝的目的，又把矛头指向国会和《临时约法》。当时，国会中国民党议员居多数，"天坛宪草"的拟定尚在进行，国民党议员坚持先定宪法、后选总统，而袁世凯却害怕受到宪法的限制，急于登上正式大总统的宝座。为此，他唆使自己的御用党派和各省军阀大肆鼓吹和宣扬"先举总统，后定宪法"的主张，玩弄违背法律规定程序的倒装把戏。结果，在袁世凯的威胁和压力下，国民党议员屈服让步，进步党议员也纷纷提出先选总统后定宪法的议案。1913年9月5日、8日先后经众参两院通过，由宪法起草委员会着手起草总统选举法。10月4日，《大总统选举法》由宪法会议正式公布。两天后，即10月6日，参众两院组织总统选举会，进行总统选举。

在总统选举那天，袁世凯授意北京军警及侦探数千人化装成所谓"公民团"，把选举会场包围得水泄不通。所有国会议员只许进不许出，以免选举因人数不足而流产。当日到会议员759人，按规定，候选人必须得500票以上方可。第一次投票结果，袁世凯得471票，黎元洪得154票，伍廷芳和孙中山各得数票。因均不够法定票数而无效。下午3时，开始进行第二次投票，结果袁世凯得497票，黎元洪得160票，仍不足法定票数而流产。第三次投票从下午6时开始，至晚8时结束，就第二次投票得票最多的袁世凯和黎元洪两人决选。结果袁世凯得507票，勉强当选为中华民国第一任正式大总统。此时在会场中被围困了一天的议员们已是浑身乏力，饥渴难忍。10月10日，袁世凯就任正式大总统职，向独裁专制迈出第一步。

此时的袁世凯已是凶相毕露，他感到今后国会不仅对他毫无益处，而且还会成为他建立专制独裁统治的障碍。于是，他索性一不做二不休，彻底破坏掉国会。11月4日，袁世凯借口查获国民党议员与"二次革命"有牵连，下令解散国民党，撤销国民党议员资格，追缴国民党议员徽章证书，使国会不足法定人数，无法再行开会。国会已名存实亡。但袁世凯还不甘心，他又指令组织一批所谓的"代表"，另成立了一个不伦不类的政治会议，充当御用的立法机关，以取代国会。1914 年 1 月 10 日，经政治会议决议解散国会，各地的自治会和省议会也被通令撤销。至此，作为中华民国象征之一的国会被非法解散。

接着，袁世凯又把矛头指向《临时约法》。他授意政治会议通过所谓"特设造法机关案"，于 1914 年 3 月成立了御用的造法机构——约法会议。这个机构按照袁世凯提出的增修约法大纲 7 条，匆匆炮制了一个《中华民国约法》，又名《民三约法》，于 5 月 1 日正式公布，同时废除《临时约法》。

《中华民国约法》共 10 章 68 条，其最大的特点是废除国会制，取消责任内阁制，实行总统独裁制。与《临时约法》相比，这部约法不仅扩大了总统权力，而且取消了对总统的任何约束。此外，该约法还规定在总统府下设政事堂作为办事机构，政事堂以国务卿为首脑，直接对总统负责。

1914 年 6 月，袁世凯又设立以黎元洪为院长的参政院，宣布在立法院未成立前，由参政院代行其职权。以前的政治会议停止活动。这样，参政院又成为袁世凯的御用立法机关。12 月 29 日，袁世凯公布了由参政院和约法会议讨论通过的《大总统选举法》修正案。这部新修正的《大总统选举法》规定，大总统任期由原来的 5 年改为 10 年，连任不受限制。总统改选之日，如果参政院认为"政治上有必要时"，得以2/3以上同意，议决总统连任而不进行选举。总统的继任人，由现任总统推荐3人，被推荐者的姓名在选举日期前由大总统书于嘉禾金简，钤盖图章，密藏于金匮石室，并有钥匙3把，由总统、参政院院长、国务卿分执其一，平时不得擅自开启，须要在选举前取出交选举会进行选举。这个选举法为袁世凯独裁专制、复辟帝制完成了最后一道手续。按上述规定，袁世凯不仅可以成为终身总统，而且还可传子传孙。这样的选举法可以说是古今中外罕见的。此时的中国，"民国"不过是一块空招牌而已。

但是，袁世凯的野心并未因此而得到满足，他还想成为真正的皇帝，建立名副其实的袁家天下。为恢复帝制，他不惜出卖国家的权益，以换取日、美等列强对他的支持。与此同时，袁世凯又授意杨度、孙毓筠、刘师培、严复、胡瑛、李燮和6人组成筹安会，代庖所有请愿书，请求实行君主立宪。到9月，各种御用请愿团的请愿书如雪片飞来，呼吁参政院改变国体。10月8日，袁世凯正式公布了由参政院讨论并通过的《国民代表大会组织法》，决定由"国民代表大会"来解决国体。从10月23日起，全国各地开始选举"国民代表"和进行国体投票。12月11日，参政院汇集了全国"国民代表"1993人所投的票，全部拥护君主立宪制，无一票反对，一致拥戴袁世凯为皇帝。袁一手持利刃，一手挟金钱的帝制活动，进展异常迅速，1915年的最后一天，他下令明年为"中华帝国洪宪元年",并准备于元旦正式登上皇帝宝座。

袁世凯的倒行逆施,激起了全国人民的反对,南方掀起了强有力的反帝制运动。1915 年 12 月,蔡锷等人领导发起了声势浩大的护国运动,出兵讨伐袁世凯。在内外交困、四面楚歌的形势下,袁世凯被迫于1916 年 3 月 22 日宣布取消帝制,6 月 6 日忧愤而死。袁世凯的皇帝梦成了历史的笑柄。

袁世凯死后,北洋军阀失去重心,出现分裂,形成了以段祺瑞为首的皖系、以冯国璋为首的直系(冯死后以曹锟、吴佩孚为首)及以张作霖为首的奉系三大派系。此外,各地还出现其他拥兵自重、割据一方的小军阀势力。直到 1928 年北洋军阀反动统治结束为止,各军阀势力肆意践踏民主宪政的丑剧一幕接一幕,较袁世凯有过之而无不及。

第一届国会恢复与再次被非法解散 袁世凯死后,副总统黎元洪继任总统,段祺瑞任内阁总理,控制着北京政府的实权。在各方面压力下,1916 年 8 月 1 日,被袁世凯非法解散达两年之久的首届国会在北京重新召开,继续进行"天坛宪草"的审议工作。但时间不长,由于黎元洪和段祺瑞就中国是否参加第一次世界大战,是否对德国宣战等问题发生争执,国会很快被卷入"府院之争"的漩涡之中,成为军阀们争权夺利的工具。1917 年 5 月,段祺瑞为威逼国会议员通过对德宣战案,指派军警,收买地痞流氓,组成各种"请愿团",包围国会,辱骂殴打国会议员,强迫他们投票。继而又指使各省督军向黎元洪呈递请愿书,要求解散国会，另制宪法。黎元洪则在美国支持下，不仅未解散国会，反而罢免了段祺瑞的职务。于是，段祺瑞一方面煽动各地皖系将领通电宣布独立，与中央脱离关系；另一方面又唆使清朝遗老、复辟狂张勋从徐州带兵入京，借"调停"之名，压迫黎元洪解散国会。1917年6月12日，黎元洪下令解散参众两院。这样，国会第二次遭非法解散。

段记"安福国会"出笼 张勋压迫黎元洪解散国会后，于7月1日拥清废帝溥仪复辟帝制，改民国六年为宣统九年，这便是民国宪政史上第二次复辟帝制。但好景不长，只有12天，段祺瑞便出兵讨伐张勋，重新掌握了北京政权。此时，段祺瑞以"再造民国"的功臣自居，宣布：不要旧国会；不要旧约法；不要旧总统。他决定召集临时参议院，重定国会组织法及选举法，然后召开"新国会"。1918年2月，经临时参议院议决修改的《中国民国国会组织法》、《参议院议员选举法》和《众议院议员选举法》公布实施。随后，第二届国会议员的选举便紧锣密鼓地开始了。在选举中，段祺瑞指使皖系军阀的派系组织——安福系"挟官府权威，加之以金钱的补助"，操纵选举。结果，安福系获得了国会中330位议席，成为国会中第一大党。8月12日，第二届国会正式召开。由于这届国会是在段祺瑞的指使下由安福系包办产生的，且控制了国会的活动，为皖系的独裁统治摇旗呐喊，故人们称它为段记"安福国会"。直到1920年8月，段祺瑞因在直皖战争中惨败而狼狈下野，声名狼藉的"安福国会"

才在人们的一片唾骂声中宣布闭会。

"猪仔国会"与"曹锟贿选宪法" 1922 年 4 月，直奉战争爆发。结果，直系获得胜利而控制了北京政权。紧接着，直系首领曹锟别有用心地提出"恢复法统"的主张，即恢复黎元洪总统的职务，恢复第一届国会。于是，第一届国会于 8 月 1 日在北京继续开会，第二次得到恢复。但是，这一切都不过是表面现象，曹锟的真实意图是要借用国会来选举他当大总统，为他实行独裁统治披上合法的外衣。而此时再度恢复的国会也与以前有了很大的不同，许多国会议员已属"失节败行"分子，完全丧失了民主政治的意识。为了能当上大总统，曹锟以金钱开路，收买利诱国会议员。从 1923 年 1 月起，每月发给那些甘心受贿的利禄议员"津贴"200 元，正副议长分别为 3 万元和 1 万元。不久曹锟又将议员分成三个等级：甲等每人 6000 元，乙等每人 4000 元，丙等每人 3000 元。随着大选时间的临近，曹锟又决定出 5000 元一张选票的普通票价和 1万元及 1 万元以上的特殊票价来调动议员们选举他的"积极性"。10 月 5 日，总统选举正式举行。这天，北京城内外，各处戒备森严，军警荷枪实弹，如临大敌。在众议院门前，还架有供军警休息用的营帐数座，军警和便衣暗探多达千人。旁听席上有数十名暗探，往来监视。即使在女旁听席中，也布置有女侦探。选举结果，在 590 张选票中，曹锟以 480 票的压倒多数当选为大总统。10 月 10 日，曹锟就任大总统职。同日，国会宪法会议又在匆忙中公布了《中华民国宪法》。这

宪政史话

部宪法虽然也规定中华民国永远是资产阶级民主共和国，民国政府实行议会制，中央行政机关实行责任内阁制，国家结构形式采取中央与地方分权制，并规定了人民的民主自由权利。但是，这都不过是装装样子而已。直系军阀毫无行宪的诚意。宪法虽经公布，终未施行，成了一纸具文。

曹锟的贿选和制宪遭到全国人民的反对。人们讥称受贿议员为"猪仔议员"，国会为"猪仔国会"，宪法为"贿选宪法"。1924年9月，直奉两派干戈再起，10月下旬，直系将领冯玉祥倒戈，发动"北京政变"，软禁曹锟。一个月后，段祺瑞出任中华民国临时政府总执政，并公布《临时政府制》和《善后会议条例》，不承认《临时约法》。此后，作为国家民主政治标志的议会，在中国大地上销声匿迹了。北洋军阀肆意践踏民主宪政，压制民主活动，使中国民主宪政运动进入低潮。

三　孙中山的宪政
思想及发展

 五权宪法学说

　　中国资产阶级革命派从事的反清活动和致力于建设理想的民主共和国的事业，始终和孙中山紧密地联系在一起。

　　作为民主革命的先行者、中华民国的缔造者，孙中山不仅在实践中同各种反动势力进行不屈不挠的斗争，而且也非常重视对宪法的思考和探索。他认为宪法是"立国的基础"，是国家的构成法，人民权利的保障。国家的强与弱同宪法的良与不良有密切的关系。如果有了良好的宪法，中国终能建立一个真正的资产阶级民主共和国。基于这种认识，孙中山在戎马倥偬的革命活动中，一直都在为中国制定一部最好的宪法而努力，并且形成了许多丰富而有益的宪法思想。

　　孙中山在许多讲话和著述中，常常把他对宪法的构想概括为"五权宪法"，并且说："五权宪法可谓是我独创的。"

从现有资料看，孙中山五权宪法的思想产生很早。还在 1906 年《民报》创刊周年纪念会的演讲中，他就提出，"将来中华民国的宪法是要创一新主义，叫做'五权分立'"。这是孙中山最早提出的五权宪法学说。1912 年 1 月南京临时政府成立后，临时参议院在制定《临时约法》时，孙中山本想让参议院按五权分立学说起草，但议员们对五权宪法的深刻含义知之甚少，结果仍按三权分立原则制定约法。1913 年国会在拟定"天坛宪草"时，还是按三权分立原则起草的。1917 年至 1919 年孙中山在所写的《建国方略》一书中，总结了过去的经验，发展了五权宪法学说，提出了五院制的构想、直接民权的设想以及国民大会的组织和制定宪法的程序。此为五权宪法学说的形成时期。1921 年后，孙中山对五权宪法学说作了全面解释，使五权宪法学说更加完善。

孙中山的五权宪法学说是一个系统的理论体系，其内容相当丰富。概括地说，主要有以下几个方面。

第一是五权分立。所谓五权分立，就是指在政府权限的构成中，分行政、立法、司法、监察、考试五权，分别由行政院、立法院、司法院、监察院和考试院行使，彼此独立，不相统属。

孙中山曾实地考察过英美等主要资本主义国家，以"最高尚的眼光，最崇拜的心理"研究过美国宪法。他认为西方的三权分立在一百多年前算是完美的，但一百多年后，随着文明日进，已产生两大流弊：一是选举和委任中的营私舞弊，选举出来的官吏未必是真才，委任官则缺乏独立思想和行为，以致造成"政治腐败散漫"；二是滥用监督弹劾之权，形成"议院专制"。行政机关受议院挟制，常常不能不俯首听命，因而"生出无数弊病"。有鉴于此，孙中山认为，三权分立"已经是不适用的了"。英国的宪法是不能学的，美国的宪法是不必学的，对三权分立需要加以"补救"。

如何才能补救？孙中山看到中国古代考试制度和监察制度具有很好的调节与制衡的政治功能，"实有其精义"，能够"济欧美法律、政治之穷"。因此，孙中山主张，把考试从行政中分出，监察从立法中分出，形成"五权分立"的国家体制。五权各自独立，分别由整个国家的专门机构行使，互相监督，相互牵制。这样，就可以防止西方资产阶级民主共和国已经出现的各种弊病，可以使中国成为一个"庄严华丽的国家"。

第二是四权统一。孙中山最早提到四大民权是在1916年，但对此明确加以阐述是1919年他所作的《三民主义》的演讲。孙中山认为，现行的欧美多数国家的民权政制，只是一种代议制，实行中有不少流弊，民权尚不能切实而普遍于个人。因此，他主张"直接民权"，即人直接享有创制法律、复决法律、选举官吏与罢免官吏的权力。这就是四权统一的原则。在孙中山设计的宪法中，四大民权由最高权力机关——国民大会来执行。国民大会的参加者是由实行充分自治的各县，每县选一名代表。各县人民完全拥有创制、复决、选举、罢免四项直接民权。由于直接民权系于县自治，国民大会的力量源于县自治，所以，在孙中山心目中，县自治占有极为重要的地位。

第三是权能分治。孙中山认为，在欧美资本主义社会中，大凡民权发达的国家，多数的政府都是无能的；民权不发达的国家，政府多是有能的。为了解决这一问题，建立权、能俱备的国家，孙中山认为最好的办法就是实行权、能分治。即把国家政治大权分成两个，一个是人民权，又叫政权，包括选举、罢免、创制及复决四项权力；一是政府权，又叫治权，包括行政、立法、司法、考试、监察五项权力。政权应完全交到人民手中，要人民有充分的政权可以直接管理国事；治权则应完全交到政府机关之内，要政府有很大的力量治理全国事务。人民有了很充分的政权就是有权，管理政府的方法就会很完全，就不怕政府的力量太大，不能够管理。政府有很大的力量就是有能，就会发挥最大的能动性为人民去工作，发挥最高的智慧为人民谋幸福。孙中山说，如此把"权"与"能"分开，"就是把政府当作机器，把人民当作工程师。人民对于政府的态度，就好比是工程师对机器一样"。

孙中山提出权、能分治思想的理论依据，在于他把管理国家政治权力的人，按天赋聪明才力不同，划分成"先知先觉"、"后知后觉"、"不知不觉"三种，前者绝顶聪明，遇事能想出道理，能够做出许多事业，属于发明家，但人数很少；中者自己虽不能够发明创造，但受了先知先觉者的指导，可以助成事业，属于宣传家；后者不能知，只能行，属于实行家，人数最多。孙中山认为，前两种人是有能的人，可以行使治权，后一种人是有权的人，可以行使政权。三种人分别参加国家事务的管理，缺一不可。

在孙中山的五权宪法学说中，还有均权主义和制宪程序的思想。他主张，凡宜于中央统一管理者均归中央；凡须因地制宜，中央不便管理的事务即归地方。他不赞成集权与分权之说，故谓之均权，认为这样可以防止中央独裁和地方割据现象的发生。为了使民主政治建立在可靠的基础上，孙中山又别具匠心地设计了建政三个时期的方案，即国家将经过军政、训政、宪政三个阶段而步入完全的民主。

孙中山是一位真诚的民主主义者，他所创立的五权宪法学说实际上是为建立"理想国家"而精心设计的蓝图，在中国近代宪政史上有着一定的积极意义。

但是，孙中山作为一个资产阶级革命家和思想家，不能不受到当时历史条件和本身阶级的局限，因而他的五权宪法学说也是有缺陷和不完备的。其中最明显的是他提出的"权能分治"论。孙中山把人分成"先知先觉"、"后知后觉"、"不知不觉"三种，夸大人的心理作用，强调"先知先觉"的作用，无形中又带有轻视广大人民群众实践的作用，易于形成少数人专政。"权能分治"构想的出发点是为了解决政府权与民权的矛盾，但事实上，在现实社会中，权与能是无法截然分开的。孙中山实际上忽略了限制政府权和权力制衡的深刻意义。所以说，孙中山的"权能分治"论更多的是一种理想化的设想，在实践中是行不通的。

两次护法与痛苦思索

护法运动是孙中山为维护《临时约法》而同北洋军阀进行的斗争，也是中国宪政史上的重要事件。

在孙中山眼里，《临时约法》和国会都是辛亥革命在民主政治方面取得的重大成果，是他缔造的资产阶级民主共和国的象征和标志。因此，当革命成果遭到北洋军阀破坏和蹂躏时，孙中山便奋然而起，进行抗争。

1917 年 7 月初，张勋拥清废帝溥仪复辟，孙中山极为愤慨，即偕廖仲恺、朱执信、章太炎等人乘军舰从上海南下广州，准备组织武力讨伐张勋，并发出维护《临时约法》的号召。但孙中山尚未到达广州，复辟丑剧即告结束，而重新掌握北京政府大权的段祺瑞为实行独裁统治，顽固地拒绝恢复《临时约法》和召集国会。在这种情况下，孙中山认识到"民国算已亡了"。于是便把斗争矛头直指以段祺瑞为首的皖系军阀势力。7 月 17 日，孙中山等到达广州，立即举起护法旗帜，当晚在黄埔欢迎会上发表演说，明确提出护法的宗旨是打倒假共和，为国民争回真共和，呼吁各界人士同心合力为护法而斗争。孙中山还致电津沪国会议员，欢迎他们南下，择适当地方召开议会，行使国会职权。

孙中山的护法号召，首先得到海军的积极响应。同时，国会议员 130 余人亦到达广州，参加护法斗争。

当时，桂系军阀陆荣廷、滇系军阀唐继尧为维护自己在西南的统治，也表示拥护孙中山护法主张，反对段祺瑞解散国会、废除《临时约法》。孙中山亦准备利用桂、滇两系武装进行北伐。

由于南下的国会议员不足法定人数，不能召开正式国会，便根据孙中山提议决定召开非常国会，讨论护法问题。8月25日，非常国会在广州开会，通过《中华民国军政府组织大纲》13条。大纲规定，组织军政府的目的是"勘定叛乱，恢复临时约法"，并宣布约法未完全恢复以前，中华民国行政权由大元帅行使。9月1日，非常国会选举孙中山为大元帅，唐继尧和陆荣廷为元帅，负责行使军政府职权。10日，孙中山就任大元帅职，表示要尽全力攘除段祺瑞等民国叛逆，恢复《临时约法》。随后孙中山以大元帅名义下令讨伐段祺瑞，护法运动正式开始。但是，唐继尧、陆荣廷并非真心护法，不肯就职。这样，军政府成立伊始，内部就隐伏了护法运动失败的因素。

护法战争首先在湖南打响。10月，护法军与北洋军在衡山、宝庆一带激战。11月，湖南护法军占领长沙。各省护法势力纷纷起来响应，四川、湖北、陕西、河南等省相继起事，护法战争的浪潮遍及十余省。这使孙中山受到极大鼓舞，他亲自制订军事计划，欲使各路大军会师武汉，大举北伐。

这时，北洋政府内直皖两系矛盾尖锐。段祺瑞利用直系军队进攻护法军，企图坐收一箭双雕之利，既打垮南方护法势力，又削弱北方直系力量。而直系首领冯国璋识破段祺瑞之奸计，则计划勾结西南军阀，排挤皖系势力，进而控制北京政权。因此，他提出"和平统一"的主张，指使直系军队在前线消极怠战。

冯国璋"和平统一"主张，立即得到了并不真心护法的滇、桂军阀的响应。12月，唐继尧、陆荣廷未经孙中山同意，擅作主张在湖南、四川前线宣布停战。在滇、桂军阀的阻挠下，孙中山的北伐计划最终无法完成。

接着，滇、桂军阀又在护法军政府内部排挤孙中山。他们不仅公开表示不与孙中山为首的军政府合作，而且还肆意诋毁孙中山，甚至采用卑鄙手段，暗中破坏、逮捕、杀害拥护孙中山的官兵。1918 年 5 月 4 日，在桂系军阀的策动下，非常国会通过《中华民国军政府大纲修正案》，决定改组军政府，取消大元帅一长制，改为七总裁合议制。军政府实权已被西南军阀篡夺。孙中山愤而辞职，并通电全国，揭露西南军阀的反动本质，指出"南与北如一丘之貉"。随后，孙中山离开广州赴上海。第一次护法运动失败了。

1918 年至 1919 年间，孙中山避居上海，发愤闭门著书，写成了《孙文学说》和《实业计划》两书，连同 1917 年写成的《民权初步》合为《建国方略》。这是孙中山从事著述最集中、最重要的时期。他专心写作的目的，是要来"启发国民"，"唤醒社会"，更好地进行革命斗争。

正当孙中山闭门著书，摸索继续前进的道路的时候，1919 年春夏之交，轰轰烈烈的五四运动爆发了。

五四运动的巨浪给孙中山以巨大的推动，激励着他继续斗争的决心。

孙中山重新评价"护法"这一口号，认识到，维护约法和恢复国会，不过是"维护现状的法子"；根本解决的办法，应该是"南北新旧国会一概不要它，同时把那些腐败官僚、跋扈武人、作恶政客完完全全扫除"，即"重新革命"。他认为护法不能解决根本问题，即使达到目的亦无补于共和国，仍要承认北京政府为中央政府，况且护法很难成功，"步步荆棘"。因此，他要建立一个"正式政府"，"重开革命事业"，"以求根本改造"。这是在五四运动推动下，孙中山经过闭门著书时反复思索探求而取得的一大进步。1919 年 10 月，孙中山将他在"二次革命"后成立的中华革命党改组为中国国民党，以"巩固共和，实行三民主义"为政纲，继续进行战斗。

1920 年，孙中山令粤军总司令陈炯明讨伐桂系，决心夺回广东。此时，陆荣廷和唐继尧之间的联合也在驱逐孙中山之后破裂，滇、桂两系矛盾尖锐化。为增加反桂系的力量，孙中山决定联唐讨桂。1920 年 6 月，孙中山、唐绍仪、伍廷芳及唐继尧联名发表讨桂宣言。由于桂系军阀盘踞两广，残害百姓，无恶不作，深为人民所痛恨，因此在广东各界的支援下，陈炯明粤军很快打败桂系，占领广州。11 月 25 日，孙中山偕同唐绍仪、伍廷芳等由上海回到广州。

这时的孙中山虽然对护法已经开始动摇，要"重开革命事业"，但他还提不出明确的反帝反封建纲领，还没有想到依靠工农群众的力量。所以，利用军阀之间的矛盾来打倒军阀仍是他的主要策略，护法仍是他的斗争旗帜。

孙中山重返广州后，第二次护法运动随即开始。一些国会议员相继返粤，孙中山建议国会在广州成立正式政府。

1921 年 4 月 7 日，非常国会通过《中华民国政府组织大纲》，并选举孙中山为非常大总统，原军政府即行撤销。5 月 5 日，孙中山在国会宣誓就任中华民国正式政府的非常大总统。广州数十万市民，举行了空前热烈的庆祝大会。在就职宣言中，孙中山表示："竭志尽诚以救民国，破除障碍，促成统一，巩固共和基础。"

广州政府成立后，尽管面临着各种困难和压力，但孙中山雄心勃勃，决心平定西南，北伐中原，消灭北洋军阀，统一全国。1921 年 6 月，孙中山命令粤、滇、黔、赣军进攻陆荣廷的广西老巢，击败了全部桂军，两广成为中华民国政府的统治区。孙中山下一步的计划是出兵北伐，统一中国。

然而，当孙中山北伐正在加紧进行之时，一个由陈炯明策划与导演的阴谋也悄然开始。

陈炯明本是同盟会员，也是孙中山的老部下。孙中山对他极为器重和信任，把他看做是第二次护法运动的重要依靠力量。但是陈炯明居功自傲，反对孙中山北伐。他一方面暗中与直系军阀勾结；另一方面设置诸多障碍，阻挠孙中山北伐。在直系军阀的策动下，

1922 年 6 月 16 日，陈炯明在广州发动兵变，炮轰总统府，欲置孙中山于死地。孙中山在卫队保护下，冲出包围，登上永丰舰，组织海军舰队还击。在与叛军鏖战近两个月后，终因救援无望，8 月 9 日，孙中山离开广州回到上海。第二次护法运动又以失败而告终。

陈炯明的叛变，是孙中山一生遭到的一次最大的打击。他万万没有料到"祸患生于肘腋，干戈起于肺腑"，自己多年培养的"革命将领"竟与军阀勾结，反对革命。对孙中山来说，这比第一次护法感受到的"南与北如一丘之貉"，更加刻骨铭心。

两次护法运动的失败表明，根植于中国近代社会封建土壤中的军阀，无论来自何方，属于何系，都不是孙中山进行民主革命所能依靠的力量。依靠表面上带有民主色彩的军阀去消灭彻头彻尾的封建军阀是根本行不通的。虽然有的军阀在相互间利害冲突中，暂时可以与以孙中山为首的资产阶级革命派结成联盟，反对共同的敌人，但当他们的矛盾一经缓和，便会反过头来背叛和镇压革命。因此，依靠这样的军事力量，孙中山的远大理想和宏伟抱负是不可能实现的。这就是孙中山屡屡失败的原因所在。

改组国民党和新民权主义的确立

正当孙中山处于极度苦闷和彷徨之时，继俄国十月革命爆发之后，中国共产党诞生了。共产国际和中国共产党向危难中的孙中山伸出了援助之手。从此，孙中山开始了他一生中最伟大的转变。

十月革命成功，俄国工人、农民以及主要出身于农民的士兵掌握政权建立的新政府，使孙中山受到了极大的鼓舞。这一新式的不同于英、法、美的革命道路，使他看到民族民主的新希望。他不但对十月革命表示热烈欢迎，希望"中俄两党团结共同斗争"，而且还逐渐认识到只有沿着苏俄革命指出的道路，革命才能前进，才能创造出一个真正的新式的民主共和国。1921年2月，共产国际代表马林赴桂林和孙中山就中国革命问题广泛交换意见。孙中山对马林提出的要建立一个能够联合各阶级尤其是工农群众的政党，要有革命的武装核心，要办军官学校，培养革命骨干的建议十分赞同，更加坚定了自己联俄的信心。次年1月，孙中山在上海会见苏俄政府特使越飞，随后发表了《孙文越飞宣言》。这个宣言的发表，标志着苏俄对孙中山的公开支持和孙中山联俄政策的确立，是国民党政策的重大转变。

在确立联俄政策的同时，孙中山又与当时中国新生的最进步的力量中国共产党真诚合作，对国民党进行真正有效的改造。1922年8月，中国共产党在杭州举行特别会议，决定共产党人以个人身份参加国民党，以实现国共两党合作。随后，共产党人李大钊、陈独秀、蔡和森、张太雷等先后加入国民党。

在共产国际和中国共产党的帮助下，从9月起，孙中山开始国民党的改组准备工作，并成立了有共产党人参加的国民党党务改进案起草委员会。1923年元旦，经孙中山审定发表的《中国国民党宣言》重申国民党的政纲三民主义，强调"今日革命，则在于民众之地位，而为之向导"；"革命事业，由民众发之，亦由民众应成之"。宣言还提出了一些提高工农政治地位及改善他们生活的原则，并首次公开提出修改不平等条约的问题。这个宣言表明孙中山从依靠军阀转到依靠群众，这是他民主革命思想的一大进步。

1923 年 2 月，孙中山由上海回到广东，于广州设立大元帅府，就任陆海军大元帅。这是孙中山第三次在广东建立政权。为进一步促进国民党的改组，加强同国民党的合作，1923 年 6 月中国共产党在广州召开第三次全国代表大会，决定接受共产国际关于国共合作的指示，同意共产党员以个人名义加入国民党，参加国民党的改组工作。10 月，应孙中山邀请，苏俄政府派出代表鲍罗廷来广州，被孙中山委任为国民党组织教练员，帮助国民党的改组工作。经过各方的努力，11 月，《中国国民党改组宣言》正式发表。宣言总结了国民党成立以来的经验教训，阐明了改组的要求、目的和任务，指出这次改组，"务求主义详明，政策切实，而符合民众愿望"；"务使上下沟通，有指臂之用，分子淘汰，去恶留良。"宣言充分反映出孙中山在共产国际和中国共产党的帮助下，已深刻认识到，国民党以往之所以不断失败，致命弱点就在于缺少一个具有明确的反帝反封建的纲领和严密的组织与纪律，并能领导最广大的人民去战斗的革命政党。随后，孙中山派廖仲恺等人到上海组织临时中央委员会上海执行部；

派李大钊在北京负责党务改组工作；并在广州重新登记党员，着手组织市、区党部和分部。

1924 年 1 月 20 日至 30 日，中国国民党第一次全国代表大会在广州召开。大会的中心任务，孙中山概括为"是重新研究国家的现状，重新来解释三民主义，重新来改组国民党的全体。"大会期间，孙中山作了《中国之现状及国民党改组问题》等多次重要讲话，反复强调国民党改组的重要性和必要性。他说："此次改组，就是从今天起，重新做过"，"将十三年前种种可宝贵最难得的教训和经验，来办以后的事。"号召全党重视并学习俄国革命的经验，使国民党成为一个有组织有力量的机关，和俄国革命党一样。

国民党第一次全国代表大会，正式宣告了国民党改组的完成和国共合作的实现，标志着反帝反封建的革命统一战线的建立。大会最重要的成果，是通过了《中国国民党第一次全国代表大会宣言》，也是大会的主要精神和指导思想所在。孙中山在宣言中重新解释了三民主义，使旧三民主义发展成为联俄、联共、扶助农工三大革命政策的新三民主义，具有明确的反帝反封建的新内容。新三民主义的各项原则与中国共产党在民主革命时期的纲领基本相同，因此，它成为国共两党和各个革命阶级的统一战线的政治基础。

针对旧民权主义的缺陷，新三民主义中的民权主义在内容上有重大的变化。最为引人瞩目的是它特别强调民权"为一般平民所共有"，反对为少数人操纵和控制。国民党"一大"宣言指出："近世各国所谓民权制度，往往为资产阶级所专有，适成为压迫平民之工具。若国民党之民权主义，则为一般平民所共有，非少数者所得而私也。"

这里说的"为资产阶级所专有"的民权制度，指的就是欧美的资产阶级民主。孙中山对欧美资产阶级民主政权存在的弊端有着清醒的认识。他指出法国、美国现行的政治机器，"还是不能满足人民的欲望，人民还是不能圆满的幸福。"代议政体是一种间接的民权，人民选择了官吏议员后，就不能够再过问，人民不能直接去管理政府，这就是其缺陷。辛亥革命后中国实行代议制政体在事实上已经失败，"代议士"变成"猪仔议员"，人民无权状态并没有得到改变。因此，孙中山说：我们"所主张的民权，是和欧美的民权不同……不是要学欧美，步他们的后尘"。

为了真正使民权为一般平民所共有，国民党"一大"宣言规定，在间接民权之外，复行直接民权。即凡是国民者，不但有选举权，而且兼有创制、复决、罢免诸权。孙中山认为，只有人民有了这四种权力，才能算是充分的民权，人民能够实行这四种权力，才算是彻底的直接的民权。为了保障人民有充分的自由，宣言规定，人民"有集会、结社、言论、出版、居住、信仰之完全自由权"，并在法律上、经济上、教育上、社会上确认男女平等原则。宣言还把地方自治作为实现民权的一个重要环节提出来，明确规定以县为自治单位。自治之县，人民有直接选举及罢免官吏的权力，有直接创制及复决法律之权。中央与地方的权限，采用均权主义，凡具有全国一致性质的事务，划归中央；有因地制宜性质的事务，划归地方。各省人民得以自定宪法，自举省长。但省宪不得与国宪相抵触。

新民权主义在强调民权为一般平民所共有的前提下，还主张国民党的民权主义与所谓"天赋人权"不同。这是新旧民权主义的又一大区别。

"一大"宣言指出：民国的民权，只有民国的国民才能享有，绝不轻授此权给那些反对民国的人，以使他们用来破坏民国。换句话说，"凡真正反对帝国主义之个人及团体，均得享有一切自由及权利；而凡卖国罔民以效忠于帝国主义及军阀者，无论其为团体或个人，皆不得享有此等自由及权利"。所以说，新民权主义虽然指的是为一般平民所共有，但并不是无条件的，它只限于革命人民，而不能让反动派和卖国贼享有。

孙中山在共产国际和中国共产党的帮助下，为"适乎世界之潮流，合乎人群之需要"，以革命精神把旧三民主义发展成为新三民主义，这是他民主革命事业中一个极其重要的转折点，标志着孙中山的思想达到了一个资产阶级民主革命家所能达到的高度。新三民主义中的民权主义是政治革命的根本，它在内容和基本精神上闪烁着反专制、反独裁的光辉思想。它所规定的民权"为一般平民所共有"的原则，突破了一般资产阶级民主的狭窄范围，在中国反封建的民主宪政斗争中，发挥了积极的作用。当然，由于历史和阶级的局限，孙中山的新民权主义依然存在着一定的缺陷，这主要表现在他对国家的领导阶级和如何彻底实现人民民主权利等问题上还存有某些模糊的认识。但是，尽管如此，新民权主义在中国民主革命进程中的地位却是不可忽视的。正如毛泽东后来所说的那样，除了谁领导谁这一个问题外，当做一般的政治纲领来说，新民权主义的基本精神是和人民民主主义或新民主主义相符合的。"只许为一般平民所共有，不许为资产阶级私有的国家制度，如果加上工人阶级的领导，就是人民民主专政的国家制度了。"

四　南京国民政府的"训政"和"宪政"

"训政"三部曲

第一次国共合作实现后，在两党的共同努力下，中国革命进入了一个新的阶段，出现了前所未有的1924年至1927年的国民革命高潮。短短的几年内，全国工农民主运动不仅得到了恢复和发展，显示出巨大的威力，而且在蓬勃发展的工农运动基础上，孙中山在广东建立的革命政府还肃清了广东境内的军阀，建立了国民政府和国民革命军，统一了广东和广西。并且在1926年至1927年，胜利地举行了北伐战争，把革命势力从广东珠江流域一直推进到长江流域。大半个中国发生了极大的变化。

但是到了1927年春夏之交，正当北伐战争向前发展的紧要关头，中国革命形势出现严重逆转。先是蒋介石在上海发动四一二反革命政变，大规模屠杀共产党人和革命群众，并于4月18日在南京建立了国民党政府。接着，汪精卫又在武汉"分共"，发动七一五反革命政变，疯狂捕杀共产党员和革命群众。不久，宁汉合流。南京国民党政府完全成为一个代表大地主大资产阶级利益的反动政府。至此，第一次国共合作由于蒋介石为首的国民党右派的背叛而破裂，轰轰烈烈的大革命终于失败。中国陷入了内战代替团结、独裁代替民主的黑暗时期。

南京政府建立之后，竭力宣称自己的一切政策和措施都是按照孙中山的建国大纲学说行事的。1928 年 10 月 3 日，国民党中央党务委员会通过了《中国国民党训政纲领》，宣布军政时期结束，训政时期开始。

《训政纲领》共有 6 条，其中心内容是把国家权力分为"政权"和"治权"两部分。政权包括选举、罢免、创制、复决四项。在"训政"期间，"由中国国民党全国代表大会代表国民大会领导国民行使政权"。"中国国民党全国代表大会闭会时，以政权付托中国国民党中央执行委员会执行"。"治权"包括行政、立法、司法、考试、监察五项，由国民政府在中国国民党中央执行委员会政治会议的指导监督下"总揽而执行"。国民政府组织法的修正和解释"由中国国民党中央执行委员会政治会议议决行之"。这就是说，《训政纲领》把国民党法定为最高训政者，把国民党全国代表大会及其中央执行委员会定为最高权力的决策机构。把国民党中央政治会议定为指导全国实行训政、监督指导国民政府重大政务施行的机构。概而言之，《训政纲领》的全部含义就在于：一是确立国民党一党专政的制度，即一切权力集中于国民党，由国民党发号施令；

二是规定按高度集权的原则，建立五院制的国民政府。

在公布《训政纲领》的同时，国民党中央又公布了《中华民国国民政府组织法》，规定国民政府由行政、立法、司法、考试、监察五院组成，中华民国的"治权"由国民政府总揽，五院分别执行。1928 年 10 月 8 日，国民党中央常务委员会决定任命蒋介石、谭延闿、胡汉民等 16 人为国民政府委员；任命蒋介石为国民政府主席；任命谭延闿为行政院院长、胡汉民为立法院院长、王宠惠为司法院院长、戴传贤为考试院院长、蔡元培为监察院院长。同月 10 日，蒋介石率五院院长在南京宣誓就职，五院制国民政府宣告正式成立。

国民党极力鼓吹，实行"训政"的理由是人民群众尚没有参政议政的能力。1929 年 3 月国民党第三次全国代表大会依据《训政纲领》的基本原则所制定的《确定训政时期党、政府、人民行使政权治权之分际及方略案》中说：由国民革命所产生的中华民国，人民政治的知识与经验极为幼稚，"实等于初生之婴儿"；而中国国民党则如同产生此婴儿的母亲，既生之，则要保养之、教育之，如此才能尽到"革命之责"；训政的目的，就是要保养教育此"婴儿"成长为成年人。

中国历史上缺乏民主传统，中国一般老百姓也缺乏民主生活知识，这是事实。但是，群众觉悟并不像国民党所说的那样低下。况且，民主制度和民主生活本身就是一种教育，就是一种政治训练，人民参政议政能力只能在民主制度施行的过程中逐渐增强和提高，舍此别无他途。所谓"人民缺乏政治知识，实行民主应待异日"之说，是缺乏理论和事实依据的，不过是为了实行国家权力一党化和个人独裁化而造出来的借口。

从表面上看，南京国民政府的"以党训政"和"以党治国"，与孙中山生前的有关设计并无多大冲突，对国民革命时期广东国民政府体制也有所继承。但是，由于国民党性质的变化，这种政治体制在实际运作过程中却成了极少数人对政治的垄断，特别是蒋介石个人的专制独裁。蒋介石以党政军首脑的身份，直接控制着国民党和国民政府。他不仅是国民党中央执行委员会常务委员会委员、国民政府军事委员会主席、国民政府主席，而且还担任国民党中央政治会议主席等要职。大权在握，无人匹敌。"以党治国"实际上成了"由蒋氏治国"，"以党训政"变成了"以蒋训政"。

为进一步巩固并扩大自己的独裁地位，堵塞反对派攻击的口实，谋求国民党内部的统一，中原大战后，蒋介石积极准备召开"国民会议"，制定《训政时期约法》，确立国民党统治的"法统"。

1930 年 11 月，国民党三届四中全会在南京举行。会议主要讨论召开国民会议和制定约法问题。关于国民会议，决定于 1931 年 5 月 5 日孙中山就任非常总统纪念日举行，并由国民党中央常务委员会筹备一切召集事宜；关于约法，因国民党元老、立法院院长胡汉民力持反对意见，未能达成协议。会后，蒋、胡之间围绕制定约法问题继续争吵，并展开争夺国民会议代表席位的斗争。胡汉民的势力超过蒋介石，蒋介石在派人劝胡汉民"休养"，遭到胡的愤然拒绝后，于1931年2月28日夜，以宴请为名，诱捕胡汉民，将其囚禁于南京郊区汤山。事后蒋诡称胡汉民"引咎辞职"，并改选林森为立法院院长。这样，蒋介石扫除了妨碍他一手制定约法的心腹之患。

1931年5月5日，国民会议在南京中央大学内新建的国民会议议场开幕。参加会议的代表447人，国民党中央执监委员及国民政府委员44人。这些代表名义上是选举产生的，实际上多是蒋介石指定的。因此，由这些人组成的国民会议，只能是国民党的御用会议，是蒋介石的御用工具。

蒋介石在国民会议开幕词中首先为会议定了调子。他说，综观现在世界各国的政治，虽形式不同，但其政治理论可分为三种，即"法西斯蒂之政治理论"、"共产主义之政治理论"、"自由民治主义之政治理论"。他断言：共产主义"不适于中国产业落后情形及中国固有道德"，英美民治主义，在中国也只会产生"纷乱"，只有法西斯主义政治理论，是"进化阶段中最有效能者"，是"今日举国所要求者"，公然主张在中国实行法西斯主义。根据蒋介石的讲话精神，会议通过了《中华民国训政时期约法》，并于6月1日由国民政府公布施行。

《训政时期约法》全文8章89条。内容涉及总纲、人民权利义务、训政纲领、国民生计、教育、中央与地方的权限、政府组织及附则诸多方面。1928 年 10 月制定的《训政纲领》被全文移入，正式把国民党的纲领作为全国人民必须执行的法律。关于人民的民主权利，约法虽然也作了一些冠冕堂皇的规定，如："中华民国国民无男女、种族、宗教、阶级之区别，在法律上一律平等"；人民有信仰宗教、迁徙、通信通电秘密、集会、结社、发表言论及刊行著作等自由；人民非依法律不得逮捕、拘禁、审问、处罚；除现役军人外，非依法律不受军事审判；人民之住所，非依法律不得侵入搜索或封锢；人民有请愿之权等。如果仅从这些字面上看，好像在国民党统治下中国人民拥有不少的民主权利。但这完全是假象，因为差不多在每项规定中均附有"非依法律不得限制之"的条件。这就为国民党根据自己的需要，随时抛出某种法律，对人民群众的民主自由权利实行种种限制开了绿灯，提供了方便。事实正是如此，南京国民政府以《训政时期约法》为根据，后来制定了大量特种刑事法律，把约法中规定的人民民主权利几乎剥夺殆尽。

约法关于中央制度和地方制度的规定，均系肯定当时正在实行的制度。约法规定，中央设国民政府，该政府设主席一人，委员若干人，由国民党中央执行委员会选任。置行政院、立法院、司法院、考试院、监察院及各部会，分掌五项治权。地方设省政府和县政府。关于中央与地方政府的权限，约法中规定采用均权制，实际上实行的是中央集权制。

约法虽有"国民生计"、"国民教育"两章，表示

"发展经济"、"保障教育"，但这不过是官样文章，并无实际意义。就连当时一些法制专家也直言不讳地说："政府对于国民生计及教育条文迄未切实执行"；"自约法公布三四年来仍未见诸实施"。

《训政时期约法》是用国家根本大法的形式，把国民党一党专政和蒋介石个人独裁的政治体制公开确定了下来。约法公布施行后，蒋介石集团的统治地位得到了加强，广大人民的民主自由权利遭到剥夺，整个中国处于极端恐怖的状态。曾担任南京国民政府委员和外交部长等要职的伍朝枢也承认说，自约法颁布后，"军阀专横，官吏恣肆，对于人民身体自由任意蹂躏，往往无故加以拘禁"。这种黑暗情形，只有在中国历史上"所谓乱世及欧洲中古时代始有之"。这些话在一定程度上反映了当时的实情。 .

南京国民党政府的法西斯统治，激起了全国人民的严重不满和反对，尤其是在 1931 年日本发动侵略中国东北的九一八事变之后，随着民族危机的日益加深，全国人民要求结束训政，开放民主的呼声更加强烈。人们普遍认为，日本之所以敢于侵略中国，一个重要的原因就在于国民党实行一党专政的政治体制，要达到抗日救亡的目的，必须立即解除党禁，进行制宪，保障人民的各种自由，"万不宜复袭训政之名，行专制之实"。上海、北平、天津等地还先后成立了许多要求民主宪政的团体。

社会各界的呼声也影响到了国民党内的非主流派。如孙科、蔡元培、何香凝、李烈钧等人，在 1931 年 12

月召开的国民党四届一中全会上，提出了提前结束训政、筹备制宪的各种提案。孙科还多次向报界发表谈话，主张从速立宪，并立即由立法院起草宪法，认为挽救危亡，唯此一方。李烈钧明确要求国民党"开放政权"，指出"开放政权，实行民权"为"目前惟一救国良方"。迫于形势的压力，蒋介石为了敷衍人民，团结国民党内部各种势力，继续维护国民党的统治，也不得不表示要制定宪法，"还政于民"。于是，1932年12月召开的国民党四届三中全会就孙科等27名委员提出的《集中国力挽救危亡案》作出决定：拟于1935年3月召开国民大会，议决宪法，并决定颁布日期；由立法院速起草宪法草案。

随后，立法院于1933年1月组织了宪法起草委员会，委员长由立法院院长孙科兼任，进行宪法起草工作。到1934年10月，立法院讨论通过了《中华民国宪法草案》。接着便是国民党中央对宪法草案进行"马拉松"式的漫长审查过程，经过四届五中、四届六中、五大、五届一中，共四次会议，其中夹有国民党中常会的频繁审查和立法院两次奉命修改，直到1936年5月1日，宪法草案才在立法院完成立法手续，全体通过，5月5日由国民政府正式公布。由于这个宪法草案是在5月5日公布的，故简称为"五五宪草"。

"五五宪草"共有8章148条。它的基本特点之一就是实行总统独裁制。总统既是国家元首，又是政府首脑，掌握行政、立法、司法、考试、监察、财政、军事等一切大权。此外，还有三种特权，即掌握国民大会的政权；代替中央政治会议，调解五院纠纷，领导五院行使治权；发布紧急命令及紧急处分权。按此规定，总统权力之大，已达登峰造极的地步。难怪当时就有人指出，总统集权"超过现代任何现行总统制之民主国家。"关于人民权利，"五五宪草"规定继续采用《训政时期约法》的"法律限制主义"，即在每项规定中均附有"非依法律不得限制之"的条件。换句话说，若依照法律便可限制人民的民主自由权利。此外，"五五宪草"还打着孙中山民生主义的招牌，维护地主官僚资本主义经济的利益。如宪草规定，"土地所有权人，对于其所有土地，负充分使用之义务"。这种规定实际上是保护地主阶级土地所有权。同时，宪草又以"国家"为幌子实施经济垄断，对官僚资本主义经济作出了诸多保护性的规定。总之，"五五宪草"是国民党一手包办的宪法草案，其出发点是为了巩固以国民党为代表的地主买办阶级专政的政权，它的基本制度依然是要确立国民党一党专政和蒋介石个人独裁。

"五五宪草"公布后，国民政府又明令公布了《国民大会组织法》和《国民大会代表选举法》，进行召开国民大会的筹备。依照上述法律，国民大会的代表分为两种：一是当然代表，包括国民党中央执行委员、中央监察委员；二是"选举"代表，共有1200人。但从选举法的规定看，名为选举，实际上非指定便是圈定的。他们大都要经过国民党严格审查，层层过滤，并不能代表真正的民意。此外，下列人员还得列席国民大会：国民党候补中央执行委员、候补中央监察委员；国民政府主席；国民政府委员；国民政府各院部会的长官；国民大会主席团特许人员。

国民党在分配国大代表名额时，常因分配不均而争吵。因此 1937 年 4 月，立法院根据国民党中常会决定的修改原则，对组织法和选举法又进行了修改。修改后的两法较前有如下变化：一是增加国民党中央候补执、监委员为当然代表；二是增加指定代表名额。这样，就更加便于国民党控制国民大会。但是，即使如此，国民党也没有真正召开国民大会的决心和诚意，大会召开日期一拖再拖，直到全面抗战爆发也未能召开。国民党所谓结束"训政"，实行"宪政"的保证也就在这种敷衍和拖延中成为一张空头支票。

从《训政纲领》到《训政时期约法》，再到"五五宪草"，可以称之为是国民党政权建立后自编自弹的三部"训政"曲。尽管曲名不同，叫法有别，但三部曲奏出的只有一个主旋律，这就是确立并加强国民党一党专政和蒋介石个人独裁。

 国民参政会的设立与蜕变

1937 年 7 月抗日战争全面爆发后，国民党和国民政府逐步转入战时体制。与以前相比，这种战时政治体制有两大明显特征：一是利用抗日战争的机会，在"抗战"的名义下，强化国民党一党专政，把蒋介石个人独裁发展到了顶峰。二是在国共两党合作建立抗日民族统一战线的基础上，在中国共产党和全国人民强烈要求民主政治的压力下，国民党又不得不采取一些向民主宪政过渡的措施。尤其是在抗战初期，国共两党关系比较融洽，举国上下共赴国难，国民党从"抗战建国"的愿望出发，制定和实施了某些有利于团结抗日的政策，如开放党禁，释放政治犯，修改一些反动法令和颁布施行一些有进步意义的法令，允许人民有一定的言论、出版、集会及结社自由等。其中设立国民参政会，即是当时较为引人注目的举措。

早在1932年12月国民党召开的四届三中全会上，就提出设立国民参政会的拟议，当时定于1933年内召开，随后国民党中执会和中常会还分别通过了《国民参政会组织法》22条及《国民参政会选举法》原则9项。但是，国民党在实践中并没有兑现。从1933年起，随着国民党玩弄欺世盗名的"召开国民大会，议定宪法"的把戏，所谓于当年召集国民参政会之说也就不了了之。

七七事变爆发后，中国人民进入全面抗战的新时期。在动员全民族力量，英勇抗击日本侵略者的同时，争取民主仍然是全国人民热切关心和迫切希望解决的关键问题之一。中国共产党一方面继续坚持要求国民党及国民政府实行民主改革，结束一党专政，实施宪政；另一方面根据形势的变化，出于巩固国共两党团结、坚持抗战到底并争取最后胜利的考虑，不断就建立健全包括各党各派各界参加的有决策权力的民意机关问题提出自己的意见。1938年3月，中国共产党在给国民党临时全国代表大会的提议中，提出"健全民意机关"是增强政府与人民之间互信和互助，增强抗战救国效能的"当务之急"，要求国民党尽快设立一个真正能代表四亿五千万同胞公意的民意机关。

与此同时，积极投身于抗战中的各民主党派，也对迟迟不改革一党专政体制的国民党提出批评。他们指出：由于积弊犹存，目前政治上还不可能发挥本身的优点，这是抗战前途的重大危机。只有彻底改革政治，才能消除人民对政治的不满情绪。要实行全面抗战，必须动员民众，实行政治民主化，使各方政治意见都能够彻底融洽。而实现民主政治，最现实最紧迫的就是在现有政治机构中，应有反映民意的机关，使人民有参政的机会。

各方的不断呼吁和要求，对国民党形成了很大的压力。在这种形势下，再像以前那样镇压打击，或搪塞推诿都会招致全国人民更大的不满，唯一可行的办法即是在政治上进行一定的变更。而在当时，由于国民党及国民政府实行着较为积极的抗日政策，整个重心放在抗日方面，加之抗战初期军事上的失利，民族危亡迫在眉睫也促使国民党及国民政府认识到加强国内团结，汇集各方意见，保障长期抗战与争取胜利的重要性。因此，1938 年 3 月 29 日，国民党在武昌召开临时全国代表大会，在通过的《抗战建国纲领》中规定：组织国民参政机关，团结全国力量，集中全国之思虑与识见，以利国策的决定和推行。根据大会的规定，4 月 7 日，国民党五届四中全会通过《国民参政会

组织条例》及各省市应出参政员名额表，4 月 12 日由
国民政府明令公布。

国民参政会设议长、副议长各一人，参政员总额
为 200 人，任期一年，分别由国民党各省市政府、党
部、蒙藏委员会、侨务委员会及国防最高会议提出，
由国民党中央执行委员会决定。这种遴选办法，使国
民党参政员在参政会中占有绝大多数。在名额分配上，
参政会虽然包括有各省、蒙藏、华侨及各重要文化、
经济团体和努力国事人士的代表，但只是按地域分配
名额，并未规定工人、农民、学生、工商业者及各党
派的代表比例。各抗日党派均以所谓"文化团体"或
"经济团体"名义被吸收加入。这种做法，既不符合各
抗日党派存在的事实，又折射出国民党虽然在抗战爆
发后已承认各党派的合法性，但又不愿意让他们以党
派名义参与中央政权机构的矛盾心理和意向。对此，
毛泽东尖锐而幽默地指出："我们不是'文化团体'，
我们有军队，是'武化团体'"。

国民参政会的职权初有 3 项，即提出建议案于政
府；听取政府报告暨向政府提出询问案；政府重要施
政方针实施前，应提交该会决议。1940 年 9 月，国民
政府修正公布的参政会组织条例又对参政政会的职权
增加了组织调查委员会一项，调查政府委托考察的事
项。调查结果由参政会提请政府核办。到 1944 年 9 月
国民政府修正公布的参政会组织条例再一次扩大权力，
规定参政会对政府编制的国家总预算有初步审议权。

就上述规定来看，国民参政会的职权是比较大的，

它具有决议权、建议权、听取报告及询问权、调查权、国家预算初审权。这些职权的行使，涉及国家的军事、政治、经济、文化、外交等各方面，范围极大，堪称一权力机关。但实际上这些规定只不过是表面现象，参政会在事实上并不真正具有这些权力并能运用，而是在很大程度上受着限制。

首先，在规定的权力后面附加着一定的条件。《国民参政会组织条例》规定，政府对内外的重要施政方针在实施前，应提交参政会议决，但此项决议案必须经过国民党国防最高会议通过，然后才能依其性质，交主管机关制定法律或颁布命令执行。如果遇到"紧急特殊情况"，则不必由参政会决议，直接由国防最高会议主席蒋介石"以命令为便宜之措施"。至于国防最高会议如何修正参政会所通过的决议案，在法律上，参政会是无权干涉的。这样，决定国家政府大政方针的权力显然不在参政会，而在国防最高会议。如果参政会通过的有关决议案，符合国民党的政策和利益，则可被国防最高会议最后通过；否则，或删或改、或否定，对国防最高会议来说易如反掌。

其次，在国民参政会的职权规定上模棱两可，缺乏明确的保证。如规定参政会对政府有建议权，但并未明文规定政府有采纳其建议的义务。这样，参政会的这一权力就具有很大的可塑性。虽然条例规定参政会有权对政府的施政提出咨询，但却不规定参政会具有纠正政府在施政方面错误的权力。对于参政会提议政府核办考察的结果，政府究竟是否在实践方面切实办理，参政会也无权过问。至于参政会所谓的初步审议国家预算权，同样含糊不清，因为政府并没有把总预算的最后决定权赋予国民参政会，即使经过参政会的初步审议，也只能流于形式。

从以上两方面可以看出，国民参政会虽然权限范围较大，但实际上它对政府无权监督、干预，对政府各项方针政策不能进行自由批评。国民党及国民政府也并不对参政会负责和受其约束。参政会只是一个咨询性质的机关，并非完全的民意机关。

1937 年 7 月 6 日，第一届国民参政会第一次大会在汉口召开，汪精卫任议长，到会参政员 136 人。共产党参政员除毛泽东外，其余 6 人秦邦宪、陈绍禹、林祖涵、董必武、吴玉章、邓颖超均参加了会议。这次大会最大的成功是充分显示了精诚团结的精神。各党派、无党派、不同地域、各民族代表以及各职业团体的名流，都热烈地服从抗战的利益，捐弃成见来发表意见和商讨国事。中共参政员由陈绍禹领衔提出《拥护国民政府实施抗战建国纲领案》。另外，参政员郑震宇等人提出《精诚团结拥护抗战建国纲领案》，王家模等人提出《拥护抗战建国纲领案》。7 月 12 日，大会将此 3 个性质相同的提案合并讨论。当时会场气氛十分浓烈，各提案人分别陈述自己的提案。当大会最后决定将 3 个提案合并，另行起草一决议时，全体参政员一致起立，掌声雷动，历数分钟不止。

一届一次参政会共提出议案 130 件，临时动议 19 件，引起全国人民及国际舆论的关注，确实是轰动一时的盛举。最后，大会确定了抗战到底、争取国家及民族最后胜利的国策，宣布了各党各派合作的抗日民族统一战线的方针。并选举张君劢、董必武、胡适、秦邦宪、傅斯年、梁漱溟、沈钧儒、陈绍禹等 25 人为驻会委员。

国民参政会在抗战环境中诞生，尽管它的成立并不表明国民党放弃一党专政的既定政策，毕竟给共产党和各民主党派、无党派民主人士提供了一个发表政见、督促国民政府实行民主宪政的合法场所，客观上推动了民主宪政运动的发展，具有进一步团结全国各种力量为抗战救国而努力的作用，带有使全国政治生活走向真正民主化的初步开端的意义。国民参政会从第一届一次大会到 1947 年 5 月第四届三次大会，历经 9 年之久，先后举行过 4 届 13 次会议。但 1939 年国民党五届五中全会后，国民参政会逐渐被国民党利用和控制，日益失去了团结抗战的作用，蜕变成了国民党粉饰专制统治的一个御用工具。

3　"制宪国大"与《中华民国宪法》

1945 年 8 月 15 日，日本宣布无条件投降，中国人民的八年抗战取得了伟大胜利。饱受日本侵略苦难的中国人民，无不欢欣鼓舞，热烈庆祝战争结束，和平来临，迫切希望中国从此独立富强，不再有炮火硝烟；希望有一个和平稳定的环境，自由民主的生活；希望国民党结束一党专政，成立一个民主联合政府。

但是，欢呼和平的喜悦与对民主自由的呐喊，很快又面临着内战与专制的阴影。虽然国共两党在1945年10月10日重庆谈判中达成《双十协定》，并根据这一协定于1946年1月召开了由各党派和社会贤达代表组成的政治协商会议，通过了在民主基础上改组政府、改组国民大会、实行和平建国纲领、改革和裁减全国军队、修改宪法等决议。但国民党蒋介石集团无意结束一党专政和个人独裁的政治体制，无意与中共和其他民主党派携手共建新中国。大规模内战的危险威胁着中国的和平、民主和团结的前景。

政协会议闭幕不久，蒋介石就在3月1日召开的国民党六届二中全会上提出要改变政协通过的宪草修改原则。一些国民党右翼分子更是公开叫嚷"遵信政协决议形同党国自杀"，"不能将统治权交给多党政府"。结果会上通过了全面推翻宪草原则的五项决定，交国民党中常会通令全党遵行。4月1日，蒋介石在国民党一手包办的四届二次国民参政会议上公然撕毁政协决议。他宣称：政协决议案不能代替国民党《训政时期约法》。约法是"根本有效的"。而政协会议在本质上不是制宪会议，政协会议关于政府组织的协议案，在本质上更不能代替约法。"如政治协商会议果真成为这样一个性质的会议，我们政府与全国人民决不能承认的"。蒋介石的话表明，政协决议对国民党没任何约束力，他要继续坚持一党专政和个人独裁。当天蒋介石就在东北发动了大规模内战。6月下旬，全面内战爆发。7月3日，蒋介石完全不顾政协关于国民大会应在内战停止、政府改组、宪草完成后才能召开的规定，径自提出 11 月 12 日召开国民大会。10 月 11 日，国民党军队占领张家口，蒋介石被表面的胜利冲昏了头脑，认为时机已成熟，于当日即正式下令如期召开国民大会，从而把和谈之门最后关闭。

在国民大会筹备期间，国民党要求各党派立即交出"国大"代表名单。为了孤立共产党，并给国民党一手包办的"国大"披上"民主"的外衣，国民党集中拉拢第三方面势力，一方面不惜以重金和高官厚禄进行利诱，一方面宣布"国大"延期 3 天召开。在国民党的诱胁下，以曾琦为首领的青年党决定参加"国大"，以张君劢为首领的民社党经一番"犹豫"后，也提交了出席"国大"的代表名单。此外，少数"社会贤达"如王云五、傅斯年、胡霖等也表示愿意参加国民大会。中国共产党和中国民主同盟以及正义的民主人士坚决反对和抵制国民党擅自决定召开的"国大"。中国共产党断然拒绝参加，严正指出：国民党政府片面决定召开"国大"，完全违反政协关于"国大"问题的决定，是非法集会，其目的在于通过一个独裁宪法，使内战"合法化"。民盟也坚决表示，"不怕一切威胁利诱"，"决不参加一党国大"。当民社党宣布参加"国大"后，民盟毅然宣布将它开除出盟，并致函民社党说："民主社会党违背政协，参加'国大'，与本盟政治主张显有出入"，"已碍难在本盟内继续合作"，"应予退盟"。就是民社党成员梁漱溟、胡海门、张东荪等人也耻与张君劢等人为伍，愤而宣布退出该党。

国统区舆论界把是否参加"国大",看做是对一切党派、团体和个人在政治上的一个考验,把参加"国大"视为"落水"或比做"跳入妓院的火坑"。重庆《民主报》称:"这幕独脚戏将是国民党最丑恶的一幕历史"。就连一家平日为蒋介石捧场的美国报纸也不得不承认:"国大在阴暗而失望之气氛中开幕"。

国民党一意孤行,1946 年 11 月 15 日国民大会在全国一片斥责声中开场。出席代表 1600 多人,其中 85% 是国民党成员,绝大多数又是 10 年前"选举"的旧代表。其他的则是国民党当局圈定或贿选产生的新代表。这次大会的主要议题是制定宪法,所以史称"制宪国大"。开幕当天,蒋介石出席大会发表演说,表示要"还政于民",但又说"目前多数人民还没有行使政权的能力和习惯",还必须"实行训政",以"治权保护政权,培育政权"。国民党当局还煞有介事地将王宠惠、吴经熊、雷震等在开会前夕奉命修改补充并经蒋介石亲自删改的宪法草案发交立法院、民社党、青年党和社会贤达审议,借以冒称政协宪草。28 日,蒋介石把经过"审议"的《中华民国宪法草案》递交"国民大会"。在讨论期间,一些国民党的忠实党徒还在蒋介石的唆使下故意喧闹,叫嚣要维持"五五宪草"、"立法院权力过大"等。经过 41 天的争吵,12 月 25 日通过了《中华民国宪法》,宣告闭会。1947 年元旦,国民党政府公布了这部宪法,并决定于当年 12 月 25 日施行。

《中华民国宪法》是中华民国的第二部也是最后一

部正式宪法，共 14 章 175 条。它虽然抄袭了欧美资产阶级宪法中的一些"自由"、"平等"条款，并糅合了一些政协宪草决议的词句，但实质上仍是 10 年前"五五宪草"的翻版，完全违背了政协决议的精神。它的基本内容是以根本大法的形式确认了国民党一党专政和蒋介石个人独裁统治的国家制度。

国民党单方面召开的制宪国大，完全是一个分裂的国民大会。大会通过的《中华民国宪法》是不可能得到全国人民承认的。这部宪法一经出笼，立即遭到全国人民的同声谴责。1947 年 1 月 3 日《解放日报》社论说："蒋记伪宪法的精髓和实质，可用八个字概括尽之：'人民无权，独夫集权'。"中共中央发言人严正指出："蒋介石召开的国大是非法的，因此这个国大所通过的任何所谓宪法是伪宪，中国人民决不承认"。民盟也指出，"这次公布的宪法，不但不能促进中国的宪政，且为中国的真宪政真民主的前途增加了一个障碍。"表示"对宪法拒绝接受"。一些民主人士也纷纷发表谈话，指斥"这部宪法是五五宪草的桃代李僵、借尸还魂"。

国民党蒋介石召开制宪国大的目的在于坚持一党专政的政治体制，在于欺骗人民，但是结果却搬起石头砸了自己的脚，使其更加孤立，在政治上陷入了绝境。

 ## 4 "行宪国大"的闹剧

"制宪国大"后，国民党面临的新问题是，如何结束训政以及在宪政形式下如何保证国民党的一党专政。为此，国民党于1947年3月在南京召开了六届三中全会。国民党中央执监委员、候补执监委员254人出席；各省、市党部主任委员和三民主义青年团支团干事长百余人列席了会议。

关于宪政问题，蒋介石在开幕词中宣称，这次会议是"结束训政的一次全会"，今后的"要务"是组成过渡政府，迅速完成行宪的各种准备。会议通过了《宪政实施准备案》，勾画了在宪政名义下继续实行国民党一党专政的"蓝图"。

关于宪政后国民党的地位问题，会议指出，实行宪政之后，国民党要降为普通政党，和各党派平等相处。但是，会议通过的《现阶段之党务方针决议案》又反复强调：今日党派虽多，舍国民党外，实更无任何一党能担负起建设三民主义新中国的责任，中国盛衰兴亡的关键，不操于任何一党之手。"至少在今后20年内，建国的责任仍然要由本党来负担。"

国民党六届三中全会后，又于4月17日召开国民党中常会、国防最高委员会联席会议，决定修改《国民政府组织法》，改组政府。政府"改组"后，国府委员共有29人，其名额分配是，国民党17名，青年党4名，民社党4名，社会贤达4名。蒋介石任国民政府主席，孙科任国民政府副主席兼立法院长，张群任行政院长，居正任司法院长，于右任任监察院长，戴传贤任考试院长。五院院长皆由国民党人担任。4月23日，张群宣布组阁，以王云五为行政院副院长，李璜为经济部长，左舜生为农林部长，另有少数青年党、民社党及无党派人士为政务委员。"改组"完成后，蒋介石发表谈话说："我国之政府权力以往属于国民党，此次改组以后，将由国民党、民社党及社会贤达所共同行使矣。"但实际上，这种象征性的改组根本没有改变国民党一党专政和蒋介石个人独裁的性质。所谓的"多党政府"只不过是让民社党和青年党这两个附庸党分尝了一点国民党所吐出的残羹而已，实权依然操在国民党手中。

在对国民政府"改组"的同时，国民党又加紧进行"行宪"国民大会的筹备。1947年3月，国民政府成立了"宪政实施促进委员会"，由孙科任会长，曾琦（青年党）、徐傅霖（民社党）、莫德惠（无党派）、张继（国民党）4人为副会长，并聘委员135人。接着，国民政府制定并公布了关于国民大会代表、立法委员、监察委员、总统与副总统等的选举罢免法和五院组织法等有关法规。6月25日，国民政府又成立了全国选举国大代表、立法委员总事务所，由内政部长张厉生任主任，各省市并成立了选举事务所，办理选举事宜。

按选举法的规定，选举的原则是"普遍"、"平等"、"直接"、"无记名"，但这仅仅是纸面上的东西，实际上选举过程中充满了政治丑闻。国民党一方面要保证自己的党员在国大代表中占绝对多数；另一方面又想保住"多党政治"这块招牌，不得不对民社党和青年党给些照顾和让步。为控制选举，国民党中常会1947年8月18日专门制定了《指导本党同志竞选实施办法》，规定国民党员参加竞选，必须由中央党部提名，要求各地选举事务所及各地党部发动国民党员、三青团员全力支持提名者当选。如果国民党中央决定的人未能当选，则要追究各级承办者的责任。未经国民党中央提名的国民党人员，应放弃竞选，并将自己的选票转投到国民党中央提名的人，如不听命令即开除党籍。青年党与民社党亦分别指定各自的党员参加竞选，并以自己是小党为理由，要挟国民党保证他们当选。

但是，1947年11月各地选举揭晓后，结果却与国民党蒋介石的最初设想有一定出入。一是青年党与民社党两党国大代表寥寥无几，前者仅获76席，后者亦仅得68席；二是因内部纠纷，国民党中央提名的候选人中有许多人落选，而未经提名采用自行征集到500选民签署办法获得竞选资格的国民党员却当选，人数多达600余人。于是，各种政治纠纷接踵而起。青年党和民社党向国民党抗议其未履行诺言，声言将拒绝出席国大，并将退出政府，以作威胁。国民党内部当选者和落选者之间也互相攻讦，各不相让。为平息纠纷，国民党中央下令，凡未经中央提名的当选者应将当选资格"自愿让给"中央提名而未当选的国民党员以及青年党和民社党两党，否则以党纪处分。不久，国民党又制定了《自愿退让奖励办法》，以名利、地位、找工作等诱其退让。但这些措施不仅未能平息选举中的斗争，反而激化了国民党内部的矛盾。那些花了大量血本弄来"代表资格"的所谓"民选代表"，拒不退让，拼命进行反抗。临到国民大会召开的时候，有的宣布绝食，有的把棺材抬到国民大会会场门口，表示以死相争，有的甚至吊死在南京城中。还有的"代表"索性闯进会场抢占座位，蒋介石派宪兵硬把他们拉了出去。更多的人在南京城内游行示威，贴标语，散传单，要求蒋介石收回成命。国民党中央负责选举的吴铁城、陈立夫、谷正纲、张厉生等天天被包围、辩论、斥问，部分代表还向首都高等法院控告谷、张。蒋介石亲自出马分别向"圈定"代表和"签署"代表疏通，亦未能奏效。直到最后，宣布签署当选者为有效，圈定而落选者另以其他方法安排，纠纷才告平息。

1948 年 3 月 29 日，"行宪国大"在一片吵闹声中开幕。参加会议的代表中有 75% 是国民党员。大会的主要议题是选举总统和副总统。4 月 4 日至 6 日国民党为此召开第六届中央临时全体会议，讨论总统和副总统候选人问题。会上，蒋介石出人意料地提出他自己不愿当总统。虽然周围反复"劝进"，蒋仍不为所动，表示不参加总统竞选，建议由"一卓越之党外人士为总统候选人"，他自己只愿当除总统、副总统以外的任何其他职务。4 月 5 日，国民党专门召开中常会研究。在会上，当主张尊重蒋意见的人与坚决拥护蒋参加竞选的人互相争辩，各不相让的时候，行政院长张群突然站起来，道破了蒋介石不愿做总统的秘密。原来蒋介石不是不想当总统，而是嫌依据新颁布的《中华民国宪法》的规定，总统缺少实际权力。张群断定，如果能想出一种办法，赋予总统一种特权，蒋介石还是愿意当总统候选人的。于是，中常会决定，赋予总统以紧急处置的权力。这样，蒋介石才同意当总统候选人。4月15日，莫德惠、谷正纲等77名国大代表联名向大会提出《请制订动员戡乱时期临时条款案》。结果，该案获得通过。

《戡乱时期临时条款》共有4条，其主要内容是：极度扩大总统紧急处分权。《条款》规定，总统在"戡乱"时期，为避免国家和人民遭遇紧急危难，或应付财政经济上重大变故，可不受《中华民国宪法》第39条、43条所规定的来自立法院的限制，宣布戒严，或发布紧急命令作为必要的处置。授权总统设置动员"戡乱"机构，决定"戡乱"的大政方针而不受《中华民国宪法》上关于立法程序的制约，这使得总统有了提出并决定国家政纲和政策的权力。在"戡乱"时期，总统得连选连任，不受《中华民国宪法》关于连任一次的限制。蒋介石后来正是凭这一条成为终身总统。"戡乱"时期的终止由总统宣告。这意味着上述扩大总统权力的临时条款只要总统不宣告其终止便可永久施行。

蒋介石对《临时条款》的规定非常满意，因为据此条款，他可以调整、设立中央的组织机构，任免文武官员，决定大政方针，处理国家政务，一句话，他是不叫皇帝的皇帝。4月19日，即《临时条款》通过的次日，蒋介石以2430票当选为总统。

副总统的选举，斗争极为激烈，更具有曲折性。根据"国大"公告，副总统的候选人是孙科、于右任、李宗仁、程潜、莫德惠、徐傅霖。其中，孙科和李宗仁是有力的竞争者。孙科不仅得到广东派和 CC 系的支持，而且还得到蒋介石的大力支持。蒋介石为阻止桂系李宗仁当选，命陈立夫在国民党籍代表中组织党团，助孙竞选。但李宗仁则有桂系实力和美国的暗中支持，拒不退让，全力参加竞选。4 月 23 日，第一次投票开始，由于竞争激烈，均无人达到当选票数，李宗仁得 754 票，孙科得 595 票。于是，第二天又进行第二次投票，这次李宗仁得 1163 票，孙科得 945 票，虽然仍未达到规定票数，但势头已很明朗，孙科落选无疑。对此情形，蒋介石看在眼里，急在心中，于是各种挽救颓势的手段全部用上。张发奎、薛岳、香翰屏、李扬敬、余汉谋等几员股肱大将率大批"代表"捣毁了支持李宗仁的《救国日报》，并准备冲进设在楼上的编辑部。社长兼主笔龚德柏毫不示弱，拔出手枪，守住楼梯口，声称如有人胆敢上楼，他必与其一拼。张发奎等不敢上楼，便和龚隔梯对骂一阵，愤愤而去。另一方面，国民党中央党部、同学会、政府机关、宪兵、警察、中统、军统等一齐出动，用威胁、利诱、劝告的办法，甚至半夜三更到"代表"住处敲门，"申明总裁之意，从者有官有钱，违者自毁前途。弄得国大代表不堪其忧，怨声四起。"蒋介石还亲自出马，要参加副总统竞选的候选人之一程潜退出竞选，并令其把选票改投孙科，许诺将补偿程潜的全部竞选费用。程潜愤而发表声明，退出竞选。李宗仁也在桂系谋士们的策划下，采取以退为进的办法，于 25 日发表声明，

"所受幕后压力太大，选举殊难有民主结果，自愿退出竞选。"孙科见自己没有竞选对手，为形势所迫也发表声明，放弃竞选。这样，副总统选举陷于瘫痪。国民大会只好宣布延期再选。

李宗仁退出竞选引起的连锁反应，使蒋介石处于非常难堪的境地。在万般无奈之际，他不得不把李宗仁的心腹人物白崇禧找去，表示他没有袒护、支持任何一方。要白劝李宗仁重新参加竞选。经 28 日、29 日两次投票，李宗仁以微弱多数击败孙科，当选为副总统。

"行宪国大"的闹剧，从 3 月 29 日开锣，到 5 月 1 日最后通过《戡乱时期临时条款》而收场，前后共 1 个月又 4 天，耗资巨大，仅选出一个破坏宪法的总统。而李宗仁当选为副总统，实际上是国民党内反对分子对蒋介石独裁进行挑战的胜利。虽然"行宪国大"后，蒋介石与李宗仁分别就任正副总统，新、旧五院政府进行了交替，行宪政府宣告成立，但随着人民解放战争的胜利发展，民主运动的日益高涨以及国民党内部矛盾的尖锐，国民党统治已是穷途末路。国民党在大陆统治的彻底覆灭已为期不远了。

五 日益高涨的宪政要求与主要宪政团体

资产阶级改良派的宪政主张

辛亥革命失败后，在北洋军阀的肆意践踏下，中国民主宪政运动开始走向低潮。在这种艰难的困境中，中国资产阶级依然通过种种努力反对封建专制统治，试图重振资产阶级民主宪政的雄风，建立起真正的资产阶级民主共和国。一方面以孙中山为首的资产阶级革命派，以"护法"为旗号，同封建军阀进行不屈不挠的斗争；另一方面资产阶级改良派也面对残酷的现实，提出了各种解决根本问题的民主宪政主张。在各种改良主张中，比较有代表性的是20世纪20年代前半期的"好人政府"主义和"联省自治"与"制宪救国"两种。

1922年5月，蔡元培、梁漱溟、胡适、王宠惠等北京大学教授、教员15人在《努力周报》上发表了《我们的政治主张》一文，提出"好人政府"的政治主张。他们认为，中国政治之所以败坏，虽有种种原因，但"好人自命清高"则是一个极为重要的原因。

因此，目前政治改革的"第一步下手功夫"就是要由社会上的优秀分子，出来和恶势力奋斗，组织"好人政府"。这样一个目标，就是"现在改革中国政治的最低限度的要求"。他们还指出，"好人政府"有消极和积极两方面的含义，前者是要有正当的机关可以监督防止一切营私舞弊的不法官吏；后者是充分运用政治的机关为社会全体谋充分的福利，以及充分容纳个人的自由，爱护个性的发展。为此，蔡元培、胡适等人提出了政治改革的三个基本原则，即"宪政的政府"、"公开的政府"、"有计划的政府"，以及6项具体政治主张。

毫无疑问，在整个社会的运转中，政府的良与不良是具有非常重要的意义的。集中社会上"有奋斗的精神"的优良人才，排除不合时势的旧规范，建立有效的抵御腐败政治的机制，是蔡元培、胡适等人的主要思路和目的。从"好人政府"政治主张的字里行间中，我们可以看出，它强烈地反映着中国资产阶级改良派面对国是日蹙的忧患意识，他们希望能够在复杂而头绪繁多的社会问题中找出一种简单易行的办法来使黑暗、腐败的政治在短时间内焕然一新。这种用心是良苦的，积极意义也是显然的。但是，如果从另外一个角度来审视和剖析这种政治主张，也可以看出，它是极为苍白无力的，充分体现了中国资产阶级的软弱性，其最大的缺陷就在于这一政治主张未能把握住民主宪政问题的实质，无视当时中国社会实行民主宪政的最大障碍——帝国主义与封建主义军阀联合专政，有意无意地避开了的社会主要矛盾。在不改变社会基本性质情况下，以为通过几个或一些积极奋斗的"好人"的点滴改良，就可以使腐败的政治得到充分与有效的改革，实在是一种隔靴搔痒和不切实际的幻想，其结果不是这种腐败的社会政治淹没或扭曲"好人"，就是"好人"最终在无可奈何之下一事无成。

在不能对症下药的政治主张的导向下，必然是实践上的此路不通。事实确实如此。

1922 年第一次直奉战争结束后，直系军阀以新主人的姿态独霸了北京中央政权。曹锟、吴佩孚拉大旗作虎皮，在"法统重光"的口号下，逼走了当时的大总统徐世昌，虚假地拥戴张勋复辟时被赶下台的黎元洪出山。

黎元洪入京就职后即宣布撤销 1917 年解散国会的命令，恢复旧国会，并任命唐绍仪为内阁总理。但后一举动触怒了直系军阀，遭到坚决反对。他们支持王宠惠改组内阁，代理国务总理。迫于压力，黎元洪于同年 9 月 19 日解除唐绍仪内阁，正式任命王宠惠组阁。王宠惠与内阁中的财政总长罗文干、教育总长汤尔和都是"好人政府"政治主张的提出者，被人们称为无党派的"好人"，所以这届内阁政府亦被称为"好人政府"。

以王宠惠为代表的"好人政府"内阁的出现，不但没有减少直系军阀内阁的矛盾，反而使其内阁的权利斗争日趋尖锐，出现了保、洛两派的分化。保即保定派，是以曹锟为首的一个派系，因曹锟驻兵保定而得名；洛即洛阳派，是以吴佩孚为首的另一个派系，因吴佩孚驻兵洛阳而得名。在王宠惠内阁中，交通总长、内阁总长等任职者都是吴佩孚的嫡系亲信，因此抹去"好人政府"表面上超脱党派之争的现象，其暗中实际上是被吴佩孚的洛派所完全操纵着，故此届内阁又被人称为"洛派政府"。但曹锟对听命于吴佩孚的王宠惠内阁极为不满，指责吴佩孚有个人野心，并接连不断地给内阁制造种种困难，促其倒台。11月中旬，倾向于保派的国会议长吴景濂等人借口财政总长罗文干办理奥地利借款展期合同时有纳贿情事，迫使黎元洪下令将罗逮捕，并送交地方检察厅。吴佩孚则通电指诘黎元洪捕罗不合理，并且表示拥护王内阁。在此情况下，曹锟也出面攻击罗文干，建议组织特别法庭彻底追究。随之，附和曹锟的直系督军纷纷表示要惩罚罗文干、王宠惠等人。吴佩孚见曹锟人多势众，为摆脱困境，只好发表通电，声明自己不再过问罗案，并表示对曹锟依旧忠心耿耿，始终拥护。这样，失去靠山的王宠惠内阁终于在11月25日全部辞职，沸扬一时的"好人政府"从成立到垮台，总共存在了2个月零6天，成为军阀争权夺利的牺牲品。耐人寻味的是，王宠惠等人所提出的各种主张，不论是原则性的，还是具体的，一个也未曾真正地付诸实施。

"联省自治"的政治主张，早在清末维新运动时就已产生，直到1920年下半年至1923年间曾风靡一时。这种政治思潮从其性质上说属于资产阶级改良范畴，它与当时地方军阀为进行割据所鼓吹的"联省自治"

有本质不同。

"联省自治"的主张者大都认为，入民国以来，中国政局之所以纷争不息，其症结就在于中央政府权力过大，引起军阀争夺总统总理的职位。他们深信，实行"联省自治"，改变目前国家结构的形式，是解决上述问题的突破口，即先由各省自制省宪，实行自治，然后再由各省派代表组织联省会议，制定国宪。在国宪中将国家各项事权按中央与地方严格划分。同时提出了许多"联省自治"的具体方案。

1920 年后，各地先后出现了不少的自治运动团体，如在北京成立的江苏、安徽、江西、山东等 12 个省及北京市代表组成的各省区自治联合会；直隶、河南、山东、山西等 14 个省代表组成的自治运动同志会。天津成立了直隶、河南、山东、热河等 5 省 1 区自治运动联合办事处。在上海还成立了旅沪各省区自治联合会。这些团体奔走呼号，为争取省自治开展了广泛的活动。

通过制宪的途径达到治国救国的目的，也是资产阶级改良派提出的一个政治主张，它和"联省自治"的主张在许多问题上是一致的。因为主张省自治的人大多数都要求首先制定省宪，以此作为政权行使的轨迹，进而制定国宪，在国宪中规定省自治的条文。1922 年 11 月《东方杂志》出版了两期"宪法研究专号"，上面刊登了李三无、邓飞黄、史焕无等人关于制宪救国的文章。他们就制定宪法所应遵循的原则、具体规定、普通选举、劳动法、妇女参政权等问题都做了较为细致的论证与说明。李三无指出，中华民国建立已十年有余，而今却是兵祸连接，民生凋敝，吏治污浊，教育落后，经济不振，根本原因就在于"号称立宪政治之国，而无为政治准绳之正式宪法。"他呼吁当今最紧迫的问题，就是尽快制定宪法以立国本。邓飞黄更是激愤地说，中国改建共和以来，至今还没有一部正式宪法，"这是中外未有的奇闻，也是中华民国的最耻辱的一件事。"

"联省自治"与"制宪救国"论者不仅从各种角度来提出和论证自己的思想，而且经过他们的多方努力，赢得了相当一些人的积极响应。一些省及团体即以此种政治主张为依据，从事制定省宪的工作。首先闻风而动的是湖南省。1920 年 11 月 2 日，湖南省政府宣布自治并进行制宪。到翌年 12 月 11 日，经全省各界投票公决，湖南省宪于 1922 年 1 月 1 日正式公布施行。继湖南之后的是浙江省。1921 年 6 月，浙江省都督卢永祥通电自制省宪，并成立了省宪起草委员会。同年 9 月 9 日，草案经浙江省议会议决并宣布。同时还公布施行法 23 条。但上述两法并未实行，因省议会认为该宪法未经全民投票复决，只能作草案。至 1926 年 1 月，浙江省自治法议会又议决了一个省宪，即《浙江省自治法》，但因时局变幻多端，最终成为一张无法兑现的废纸。除此之外，广东、四川等省也曾成立了制定省宪的机构，但结果大都是有头无尾，不了了之。

从"联省自治"与"制宪救国"政治思潮的内容

和其矛头来说，主要是针对封建军阀而发的，并以此为出发点，对封建军阀的专制和集权进行了大胆的揭露和极为猛烈的抨击，其目的在于力求改变大小军阀因争权夺利而造成国家政局极度混乱和千疮百孔的局面，以真正重振并实现资产阶级民主共和国。可以说，这在一定程度上反映了中国资产阶级不满现状、要求参政的愿望。

"联省自治"与"制宪救国"政治思潮的目的虽然清晰明了，声势也宏大一时，但从其整个过程来看，却并没有产生所希望的实际效果，它既无力消弭封建军阀的混战，也未能给人民带来真正的民主自由。相反，这种政治思潮经过两三年之后，逐渐由高涨转入沉寂，而成为陈迹。

 ## 邓演达与"平民政治"

大革命失败后，为抗议蒋介石、汪精卫之流背叛孙中山的三大政策，残害人民和践踏民主的行为，邓演达发表宣言，毅然脱离国民党政府，绕道西北进入苏联。

邓演达于莫斯科居留期间，国内谭平山、章伯钧等人联合一部分既不满于国民党反动统治，又不同意中国共产党当时政策的一些国民党左派人士和小资产阶级知识分子，以及一些从共产党内游离出来的人，于1928年春在上海成立了中华革命党，推选邓演达为总负责人，并与他保持联系。

1930 年春，邓演达回国。8 月，在上海召开 10 个省区代表参加的干部会议，决定将中华革命党改组为"中国国民党临时行动委员会"。大会通过了邓演达起草的纲领性文件《中国国民党临时行动委员会政治主张》，选举邓演达为中央领导机构干部会的总干事。

《政治主张》对中国的社会结构、历史进程、斗争目标、手段以及具体方案等方面问题作了详尽的分析。它不仅是中国国民党临时行动委员会的活动纲领，而且也是邓演达"平民革命"思想的深刻体现。

大革命失败后的中国究竟是一个什么样的社会？这是一个政党要解决中国政治问题的关键。当时众说纷纭，有的认为现时还是封建社会；有的认为已经是资本主义社会；还有人认为中国正处于由末期封建社会及"前资本主义"社会向着资本主义的过渡时期。邓演达通过对中国社会结构的全盘考察，认为整个中国社会，还滞留在封建势力支配阶段，还是前资本主义的时代。但同时又因为帝国主义势力支配着中国，使中国社会更加呈现出一种复杂的状况。在这样的社会中，中国社会经济还是处于"农业手工业生产的阶段"。微弱的本国资本主义经济在外国列强和本国封建势力的压迫下，不但不能发展，反而有日将破产的趋势。在政治上，邓演达认为，现时的中国政治组织是封建官僚主义，形成了一个多阶层的统治，像一个金字塔一样。塔底是农民及其他平民群众，塔尖为皇帝总统或主席司令。这样的政治组织，实际上还是"变形的封建统治"。在社会方面，邓演达指出，中国有

70％的人口住在农村中，"血缘关系是支配社会生活的中心"。"士大夫的'礼教'、'名分'的意识支配着社会的大部。"中国社会的结构表明，中国是一个"半殖民地"、"半独立"的国家。帝国主义与封建主义两重支配势力，是中国社会不能向前发展的大障碍。因此，中国需要进行反帝反封建的革命。这一革命是"具有民族、民权、民生三种革命性而以社会主义为归宿的革命"。由于占全国人口绝大多数的是平民群众，尤其是工人、农民，他们在政治上受严重压迫，经济上受残酷剥削，因此，他们是革命的主要动力。

在《政治主张》中，邓演达用相当的篇幅详尽地阐释了关于建立以工农为中心的平民政权的基本主张。邓演达认为，所谓平民群众主要是指直接或间接参加生产过程的分子。这些都是自食其力而不剥削他人的人，也是被现存封建势力及资本势力压迫着、要求解放的人。如工人、手工业者、自耕农、佃农及设计生产、管理生产与担任运输分配等及其他辅助社会生产的职业人员。由平民群众夺取并掌握的政权，就叫平民政权。这个政权以受压迫最深、反抗最激烈和数量较多的工人与农民为重心。

邓演达进一步指出，平民政权既不同于封建传统的官僚政治，也不同于欧美流行的代议制。平民政权是充分体现和代表人民利益的政权。它建立的先决条件是形成平民群众本身的组织，即组织职业团体（如工会、农会等）和准职业团体（如学生会、妇女组织、士兵组织等）。只有这样，才能唤醒平民群众和组织平民群众，才能有力量从根本上推翻官僚政治、军阀势力及其一切封建遗骸，把政权收归到平民手里。

为了真正消除和预防封建官僚政治与欧美代议制的弊害，邓演达提出，必须以有组织的职业团体代表构成中央及地方的政权发动机关。全国最高权力机关——国民大会——应按下列比例由各职业团体和准职业团体派代表组成：直接参加生产的农民、工人占60％，其他各职业团体及准职业团体占40％。各地方的权力机关为省民大会、县民大会和乡民大会等，其组成原则同上。在中央与地方的权限划分上，邓演达主张，将中央权限缩小到最低限度，除外交、军事以及关系全国产业统制，全国的交通及全国的财政事项等由中央举办外，其余应由各地方负责自行治理。但是，必须坚决反对一切军阀割据式的"联省自治"和无政府的"分治合作"。

邓演达是孙中山革命三民主义的忠实继承者，他的平民政权思想是以孙中山的新三民主义为理论基础的，其主要锋芒是指向蒋介石独裁专制的反动统治，也是对这种代表整个中国旧的反动政治体制的一个公开否定。在中国民主宪政运动处于低潮，人民民主自由权利被剥夺殆尽的时期，邓演达提出实行平民革命，号召全国被压迫民众推翻南京国民党政权的反动统治，建立平民政权；把工农阶级看成是民主革命的重要力量。这种把立足点放在重视和相信人民大众作用的思想，是对孙中山新三民主义的坚决捍卫，也折射出邓演达对中国社会各阶级经济地位和政治态度分析的深思熟虑程度。这一政治主张在总的方向上与中国共产党倡导新民主主义政权是一致的。在当时形势下，对于促进中国民主宪政运动恢复并由低潮走向高潮以及反蒋斗争都有着不可忽视的积极作用。

中国国民党临时行动委员会成立后，为了推翻南京国民党政府，在邓演达的率领下，积极而坚决地同国民党政权展开斗争。他们先后在全国 14 个省区建立了组织，集结革命力量，力图建立以工农为主体的平民革命军队，以革命武装来反抗和消灭反革命武装。同时，他们还在上海组织"黄埔革命同志会"，开展分化、瓦解蒋介石国民党军队的工作。

邓演达的革命活动，特别是他对黄埔军人的影响，一度动摇了蒋介石的军事基础，威胁着其反动统治，因此引起蒋介石的严重不安，蒋派特务四处搜捕他。1931 年 8 月，邓演达因叛徒出卖而被捕。

邓演达被捕后，先由公共租界巡捕房审讯。他在传讯的"录供单"上毫不隐讳地公开自己的政治主张："反对蒋介石的军事独裁即官僚政治，希望造成真正人民的政府及独立的国家。"当蒋介石先后多次派军政大员劝邓演达，要他取消"临时行动委员会"，并许诺给予高官厚禄时，邓演达严词拒绝。他坚决地说："政治斗争是为国为民，绝无个人私利存乎其间，我们的政治主张决不变更，个人更不苟且求活。"蒋介石见劝降无望，遂于 1931 年 11 月 29 日深夜在南京将邓秘密杀害。

邓演达被害后，临时行动委员会亦遭到严重破坏，但该党成员仍坚韧不拔。他们一方面积极参加日益高涨的抗日救亡运动；另一方面为努力实现民主政治，反对蒋介石独裁统治继续奋力战斗。

 ## 中国民主政团同盟与宪政运动

　　抗日战争时期，是中国民主宪政运动日益高涨的重要时期，也是以往遭到国民党压制和迫害的各民主党派趋于活跃和走向大联合的重要时期。

　　中国各民主党派的成员，大多是民族资产阶级、小资产阶级及其知识分子，其政治倾向虽有左中右之分，但在日本侵华后，大都主张抗战，具有强烈的爱国御侮、救亡图存的精神。由于抗战初期国民党的积极性和政治上的某些开放，使民主党派对它寄予很大的希望。武汉失守后，国民党虽坚持抗战，但政策倒退，并制造反共摩擦事件，甚至将抗战初期中国共产党和各民主党派争得的某些民主权利大部取消，并不断地压制、打击各民主党派和民主人士。因此，引起了各民主党派和民主人士的失望和不满，使得这些没有武装力量可以自卫的党派感到自己的生存受到了严重威胁。于是，各中间党派便和中国共产党联合起来，共同对付国民党，掀起了一场要求实行民主宪政运动的高潮。

　　各民主党派要求实行民主宪政的主张，首先是在1939 年 9 月召开的国民参政会一届四次会议上提出的。在这次会议上，共产党、民主党派和其他中间党派参政员，一致要求国民党结束党治，实施宪政。中国青年党参政员左舜生、国家社会党参政员张君劢、第三党参政员章伯钧等 36 人，向大会联合提出《请结束党治立宪政以安定人心发扬民力而利抗战案》，要求国民政府授权本届国民参政会，推选若干人起草宪法，并于最短期内颁布宪法，结束党治，实施宪政。此外，章伯钧等 55 人提出了《改革政治以应付非常时局案》，救国会参政员王造时等 37 人提出了《为加强精诚团结以增强抗战力量而保证最后胜利案》，救国会参政员张申府等 21 人提出了《建议集中人才办法案》，中华职业教育社参政员江恒源等 40 人提出了《为决定立国大计解除根本纠纷谨提具五项意见建议政府请求采纳施行案》。这些提案都向国民党提出了开放民主、实行宪政等要求。同时，国民党参政员孔庚等向大会提出《请政府遵照中国国民党第五次全国代表大会决议案定期召集国民大会制定宪法开始宪政案》。

9 月 15 日晚，国民参政会提案审查委员会讨论了关于 7 个宪政问题的提案。在讨论中，由于立场的不一致，以共产党和各中间党派参政员为一方，以负有特殊使命的国民党参政员为一方，展开了激烈的争论。争论最尖锐的要算关于"结束党治"问题。中共和各民主党派参政员都认为有此必要，一定要把这几个字写入决议案，但国民党参政员则大发其"不必要论"，并企图以人多势众来压人。辩论一直持续到翌日凌晨 3 点，仍无结果。第二天上午又继续辩论，最后双方都做了一点让步，才达成了一个决议草案，并提交大会获得通过。这个决议案的题目是《召集国民大会实行宪政案》，其中要求政府"明令定期召集国民大会，制定宪法，实行宪政"；"由议长指定参政员若干人，组织国民参政会宪政期成会，协助政府，促成宪政"；"明令宣布全国人民除汉奸外，在法律上其政治地位一律平等"。这个决议案是妥协折中的产物，内容虽然比较空洞，但仍不失为进步的决议。随后，11月召开的国民党一届六中全会，通过了《定期召集国民大会并限期办竣选举案》，规定于1940年6月底以前结束国民大会代表的选举，11月12日召集国民大会。

一届四次参政会闭幕后，各民主党派认识到，这次会议上所取得的关于宪政问题的重要进展，是各党派联合斗争的结果。同时，1939年以来国民党一系列反民主的表现也使各民主党派认识到，要在中国真正实行民主宪政，今后的斗争是长期的。因此，各民主党派感到有组织起来的必要，在国共之间形成一种起举足轻重作用的中国政治力量。于是，1939年11月，青年党的左舜生、李璜、曾琦，国社党的罗隆基、胡石青，第三党的章伯钧，中华职业教育社的黄炎培，乡村建设派的梁漱溟，以及无党派的张澜等，在重庆发起组织"统一建国同志会"。

在走向初步联合的同时，各民主党派积极开展民主宪政运动。1939年10月1日，国民参政员沈钧儒、褚辅成、张澜、章伯钧、左舜生、李璜、张君劢、王造时、张申府、江恒源等人在重庆发起组织了宪政座谈会，决定组织一种民众团体，协助推进民主宪政运动。从 1939 年 10 月到 1940 年 3 月，他们先后召开了 8 次宪政问题座谈会，对如何推动宪政运动、宪政与抗战、宪法草案的研究等问题进行了广泛的讨论。他们在第四次座谈会上决定成立宪政促进会，并推选沈钧儒、黄炎培等 85 人为筹备员。1939 年 11 月 30 日，他们又推选沈钧儒、黄炎培、章乃器、张申府、史良、左舜生、章伯钧等 25 人为宪政促进会常委会委员，开始有计划地推进宪政运动。

但国民党对实行宪政根本无诚意，只是借用宪政的华丽辞藻进行敷衍。虽然蒋介石在国民参政会一届四次会议上说，提早颁布宪法，是国民党"十年来所不断努力以求的一件大事"，他个人"没有一时一刻忘记如何使宪政早日实行"。但这些都是限于口头上的空谈，缺少必要的实际行动。相反，当宪政运动在各地如火如荼地开展起来后，蒋介石转而采取限制和压迫破坏的政策。国民党的新闻机关极力封锁关于宪政运动的消息，许多地方的报纸上，连"宪政"二字都不许出现。在国民党的党报党刊上，还发表了不少攻击和反对宪政运动的文章。有的说"实行民主必不利于抗战"；有的说"提倡宪政意在反对政府，夺取政权"；还有的说，加强政府权力，约束人民的自由是"宪法的新概念"。当国民参政员筹备组织宪政促进会时，国民党恐吓说，这是反政府的举动。在第五次宪政座谈会举行时，国民党中央党部职员竟大闹会场，大骂并且要求取消宪政促进会。

1940 年 4 月 1 日，国民参政会一届五次会议在重庆召开。宪政期成会的代表向大会介绍了对"五五宪草"的修改情况，并将宪草修正案及设置"国民大会议政会"的建议一并提交大会讨论。讨论中，许多国民党参政员顽固坚持国民党一党专政的立场，坚决反对设置"国民大会议政会"，其中一位竟站起来破口大骂。这一惊人的表演，使其他各党派参政员大为寒心。为压制辩论，蒋介石以参政会议长身份，指使参政会秘书长王世杰在会上宣读了他的意见，说决定将宪草修正草案及其附带建议，连同反对设置国民大会议政会的意见，一并送交国民政府，由国民政府斟酌处理，同时宣布对宪草修正草案和设置国民大会议政会问题不再继续讨论，也不付表决。实际上，草案等送交政府之后，便被搁置一边。同年9月，国民党中常会宣布，因交通不便，原定于11月12日召开的国民大会不能按期召开，何时开会另行通知，同时，采取种种办法限制宪政团体的活动。这样，轰轰烈烈的民主宪政运动就被国民党压制下去了。

然而，民主宪政运动的被压制并没有使民主党派屈服，相反，各民主党派和民主人士为了进一步加强团结合作，争取政治权利，决定将"统一建国同志会"改组为"中国民主政团同盟"。1941年3月19日，中国民主政团同盟在重庆秘密成立。10月10日，正式宣布成立，以张澜为主席，发表了宣言和纲领，要求合作抗日，要求民主宪政，反对思想钳制，反对国民党独裁统治。

中国民主政团同盟的成立是近代中国宪政史上的

一件大事，有着重要的历史意义。它不仅扩大了进步势力的影响，进一步孤立了国民党顽固派，而且还有力地推动了国统区民主宪政运动的发展。正如当时《解放日报》社论所说的那样，政团同盟"是民主运动的生力军"，是中国政治舞台上一支不可缺少的民主力量。

1941年11月，国民参政会二届二次会议召开。在这次会议上，民主政团同盟参政员十分活跃，张澜等向国民参政会提出了《实现民主以加强抗战力量树立建国基础案》，要求国民党结束训政，实施宪政，成立战时正式民意机关。虽然这一提案在国民党参政员的反对下，未获大会通过，但却显示了各民主党派联合一致，向国民党要求开放党禁，实行民主宪政的决心和力量。此外，沈钧儒、褚辅成等人还分别就言论自由、民主监察制度等问题提出了提案。

为了敷衍人民群众，缓和各党派的不满情绪，1943年9月，国民党在重庆召开五届十一中全会，通过了所谓战争结束后一年内即召开国民大会，颁布宪法，实行宪政的决议。接着，国民政府国防最高委员会还决定设置宪政实施协进会，负责修改宪法草案。这样，国民党又一次摆出了即将实行宪政的姿态。

为了促使国民党放弃一党专政，实行真正的宪政，中国民主政团同盟充分发挥联合的力量，再次在国统区掀起了民主宪政运动。在1943年9月召开的国民参政会三届二次会议期间，中国民主政团同盟主席张澜致函蒋介石，批评国民党坚持独裁统治，要求尽快实行民主。张澜还发表了《中国需要真正民主政治》的政治论文，强调民主政治，就是"主权在民的政治"，也就是"国由民治"。他要求国民党立即放弃一党专政，结束党治，取消党化，从速准备实施宪政。张澜的文章被印成小册子散发，流传很广，影响极大。但这本小册子却被国民党列为禁书。

1944 年 1 月初，中国民主政团同盟领导人沈钧儒、黄炎培、张君劢、章伯钧等 16 人再次发起民主宪政问题座谈会。他们多次开会，联络十大民主人士讨论"五五宪草"，抨击国民党的寡头政治，要求"主权在民"，"保障人民一切权利"。5 月 29 日，黄炎培在复旦大学演讲说："要民主，我们自己不动，休想别人把礼物送上门。要成功，一定要我们'求'的有力，要成功得快，一定要'求'的热烈。要想彻底成功，也得拼命地'求'，而且必须成为一个大的运动。"黄炎培慷慨激昂、义正词严的演讲，赢得了广大师生的热烈欢迎。

民主党派要求民主宪政，反对一党专政的主张，在国统区的工商界、文化界和教育界引起极大反响，中国民主政团同盟的组织也因此获得较大的发展，在成都、重庆、昆明、桂林等西南各大中城市，政团同盟吸收了一大批著名的教授、教师、学生和自由职业者入盟，极大地增加了无党派盟员的人数。为了适应日益发展的民主宪政运动的需要，1944 年 9 月 19 日，中国民主政团同盟在重庆召开大会，取消"政团"两字，改称"中国民主同盟"。10 月 10 日，民主同盟发表《对抗战最后阶段的政治主张》，要求立即结束一党专政，建立各党各派之联合政权，实行民主政治。

随着政治形势的发展，各民主党派和民主人士在抗战后期，进一步认识到实现民主政治对争取抗战胜利的重要性。因此，他们更为积极地参加民主运动，反对蒋介石的独裁统治，主张开放民主，并且在斗争中增进了对共产党的了解，拥护共产党的政治主张，对国统区爱国民主宪政运动的发展起到重要的推动作用，成为共产党的一支重要友军。

六 中国共产党坚持实行
新民主主义宪政

新民主主义宪政理论的提出

近代中国逐渐兴起的民主宪政运动，在进入 20 世纪 20 年代后，出现了前所未有的重大转机。这一转机的主要标志就是中国共产党的诞生及其新民主主义宪政理论的提出和最终确立。从此，中国民主宪政运动不仅有了强有力的领导力量，而且有了合乎国情的明确目标及方向。

为了反对北洋军阀的黑暗统治和帝国主义的侵略，1919 年五四运动后，一批具有初步共产主义思想的知识分子在十月革命的鼓舞和影响下，开始走上了与工人群众相结合的道路。他们在探讨理论和参加革命实践的斗争中，初步掌握了马克思学说的基本原理，认清了中国工人阶级的历史使命，意识到自己对中国工人阶级肩负着重大的责任，从 1920 年开始，全力投入创建中国共产党的工作，经过一年的努力，奠定了基础。1921 年 7 月，中国共产党第一次全国代表大会在上海召开，大会通过了中国共产党第一个纲领，规定了党的奋斗目标以及当前的中心任务，宣告了中国共产党的正式成立。

但是，由于时间和历史的局限，中共"一大"在中国革命问题上，只笼统地提出实行无产阶级的社会主义革命，而对当时中国的实际状况及现实的革命任务还没有来得及进行认真细致的讨论。"一大"以后，中国共产党人在复杂的斗争实践中，深切感受到要实现革命的理想，必须制定出一个切合实际的民主革命纲领。

1922年1月15日，《先驱》发刊词提出："努力研究中国的客观的实际情形，而求得一最合宜的实际的解决中国问题的方案。"陈独秀、施存统、邓中夏、周恩来等共产党人在这方面做了很大的努力。他们指出：不顾一定的条件，空谈社会革命，是一件无益的事。共产主义有目的，实行有步骤、有手段、有方法。要实现社会主义必须先具备一定的物质条件，要有一个过渡期，这个过渡期，就是从资本主义过渡到社会主义的时期。上述这些认识虽然还存在着许多不足之处，但它反映出中国共产党在对中国社会革命问题的认识上较前有了进步。

6月15日，中共中央发表《对于时局的主张》，对中国社会政治状况及社会性质、封建军阀政治及党在现阶段的革命步骤与方法作了阐述，对当时风行的"武力统一"、"联省自治"、"好人政府"等资产阶级政治主张给予了批评，明确提出了自己的反帝反封建的政治主张。《主张》正确总结了近代中国革命的经验，指出辛亥革命运动之所以未能成功，主要原因是因为民主派屡次与封建旧势力妥协。造成中国内忧外患的根源是国际帝国主义和封建军阀的压迫，这同时也是人民受痛苦的根源。解决中国混乱政局的唯一道路"只有打倒军阀建设民主政治"。否则，军阀不打倒，一切政治、经济、教育等的发展都是不可能的。《主张》所阐述的基本思想，显示出中国共产党对中国国情和中国革命理论的认识有了相当的深度，它直接为党的民主革命纲领的制定做了准备。

7月下旬，中国共产党在上海召开第二次全国代表大会。大会根据列宁关于民族和殖民地问题的理论，讨论了中国革命的基本问题，确定了党的最高纲领是：组织无产阶级用阶级斗争的手段，建立劳农专政的政治，铲除私有财产制度，渐次达到一个共产主义社会；最低纲领是：消除内乱，打倒军阀，建设国内和平，推翻国际帝国主义的压迫，达到中华民族的完全独立，统一中国本部（包括东三省）为真正民主共和国。

中国共产党"二大"制定的民主纲领是非常及时与正确的，具有重大的历史意义。它在中国近代民主宪政运动史上第一次明确提出了彻底地反帝反封建的民主革命纲领。鸦片战争以后，中国人民始终面临着反帝反封建两大任务，许多仁人志士的政治主张与行动无不是围绕着这两大任务进行的。总的说，没有一个阶级或政党真正认识到帝国主义、封建军阀是近代中国一切罪恶的根源，并把两者有机联系起来进行本质透视，而更多的是从中国社会混乱的表象出发来提出解决中国国是方案的。从这个意义上来说，中国共产党提出的彻底地反帝反封建的民主革命纲领，不仅反映出这个年轻的政党的蓬勃生机和对国情的透彻认识，更重要的是，它标志着中国共产党把马列主义普遍真理和中国革命具体实践相结合的开始。这一纲领真正抓住了近代中国半殖民地半封建社会的要害，是根本解决国是的唯一正确方针，为中国人民进行民主宪政斗争指明了方向。

1937 年 7 月全面抗战爆发后，在尖锐复杂的民族斗争和阶级斗争的历史环境下，以毛泽东为首的中国共产党人，进一步把马列主义与中国革命的具体实践相结合，对中国社会的性质、中国革命的时代特点和发展的阶段规律进行科学的理论分析。1939 年 10 月，毛泽东发表了《〈共产党人〉发刊词》，同年 12 月毛泽东主持写成了《中国革命和中国共产党》一书，1940年 1 月，毛泽东又发表了《新民主主义论》。这些重要著作不仅批驳了国民党顽固派的反动谬论，明确了中国革命的前途，而且丰富和完备了中国共产党的新民主主义革命理论，同时标志着新民主主义宪政理论体系的形成。

《新民主主义论》一书，把资产阶级民主主义革命明确地划分为旧民主主义和新民主主义两个历史范畴，系统地阐明了新民主主义革命的理论、路线和纲领。

关于新民主主义政治纲领，毛泽东在《新民主主义论》中作了明确阐述。他对中国从清朝末年以来，闹了几十年还没有搞清楚的"国体"问题作了科学说明，指出国体问题，"就是社会各阶级在国家中的地位问题"；而"政体"则是"指的政权构成的形式问题"。新民主主义的政治纲领是建立新民主主义的共和国，其国体是无产阶级领导下的各革命阶级联合专政，其政体是采取人民代表大会系统的民主集中制。

在《新民主主义论》中，毛泽东系统论述了中国实行新民主主义政治的历史必然性。

毛泽东根据中国革命的历史特点及其发展规律指出，中国革命的历史进程，必须分为两步，第一步是民主主义革命，第二步是社会主义革命。这是由中国的社会性质决定的。因为中国自近代被外国资本主义侵略以来，逐渐地变成了一个殖民地、半殖民地、半封建社会。这种社会性质决定了中国社会的主要矛盾是人民大众同帝国主义及封建势力之间的矛盾。因此，革命的对象与任务是反对帝国主义及封建主义。所以，中国革命必须首先改变殖民地半殖民地半封建的社会形态，使中国变成一个独立的民主主义的社会，然后才能使革命进一步向前发展，建立一个社会主义的社会。

中国的民主主义革命，从它的准备时期算起，是从1840年鸦片战争开始的，革命的性质都是资产阶级民主主义的革命。但是，它在五四运动前后起了一个变化，其前是旧民主主义革命，其后是新民主主义革命。这一转变的历史条件有两个方面：第一，从国际上看，第一次帝国主义世界大战和俄国十月社会主义革命的胜利，改变了整个世界历史的方向，划分了整个世界历史的时代。从此以后，任何殖民地半殖民地国家发生的反对帝国主义，即反对国际资产阶级、反对国际资本主义的革命，就不再是旧的资产阶级和资本主义的世界革命的一部分，而是新的世界革命的一部分，即无产阶级社会主义世界革命的一部分了。这种革命的殖民地半殖民地，已经不能当做世界资本主义反革命战线的同盟军，而改变为世界社会主义革命战线的同盟军了。第二，从国内看，在五四运动后，中国民主主义革命的领导者，已经不是资产阶级，而是无产阶级了。领导权问题，是区别新旧民主主义革命的根本标志。中国无产阶级的政党中国共产党于1921年正式建立，随后提出了反帝反封建的民主革命纲领。中国共产党成了中国革命的组织者和领导者。无产阶级领导的资产阶级民主主义革命，它的客观要求，虽然是为资本主义发展扫清道路，但是它的目的不是建立资本主义社会和资产阶级专政的国家，而是建立新民主主义社会和无产阶级领导的各个革命阶级联合专政的国家，这就为社会主义的发展开辟了更广阔的道路，为中国革命向社会主义革命转变准备了条件。民主主义革命是社会主义革命的必要准备，社会主义革命是民主主义革命的必然趋势。

那么，新民主主义革命既然属于资产阶级民主主义革命，为什么不能由资产阶级来领导，而必须由无产阶级来领导呢？毛泽东论述这一问题时，曾对中国社会各阶级的经济、政治状况，以及由此决定的各阶级的特点，进行了深入的研究和分析，特别是对中国资产阶级的特殊性作了具体分析。他认为，中国的资产阶级分为两部分，一部分是依附于帝国主义并与中国封建势力有千丝万缕联系的大资产阶级（即买办资产阶级、官僚资产阶级），他们历来是中国革命的对象。另一部分是民族资产阶级。这个阶级一方面受帝国主义的压迫和封建主义的束缚，有一定的反帝反封建的革命积极性；另一方面，它同帝国主义、封建主义、大资产阶级有着难以切断的联系，因而在反帝反封建的斗争中又有动摇性。这种两面性，决定了它在一定的条件下可以成为革命的同盟军，但不能充当革命的领导者，去完成中国资产阶级民主主义革命所要完成的彻底推翻帝国主义和封建主义的两大任务。

这样，中国资产阶级民主主义革命的历史任务，就落在了中国无产阶级的肩上。因为在中国社会各阶层和各种政治集团中，只有无产阶级和共产党，才没有狭隘性和自私自利性，才有远大的政治眼光和组织性，而且能虚心地接受世界上先进的无产阶级及其政党的经验而用于自己的事业。因此，只有无产阶级和共产党能够领导农民、城市小资产阶级和民族资产阶级，并能克服农民和小资产阶级的狭隘性，克服资产阶级的动摇与不彻底性，而使革命走上胜利的道路。

但是，中国革命的任务是异常艰巨的，单凭无产阶级自己一个阶级的力量，是不能胜利的，必须在各种不同的情形下团结一切可能的革命阶级和阶层，实行联合专政。在中国社会的各阶级中，农民是工人阶级的坚固同盟军，城市小资产阶级也是可靠的同盟军，民族资产阶级则是在一定时期中和一定程度上的同盟军。中国的大资产阶级历来都是革命的对象，但是，由于他们的各个集团是以不同的帝国主义为背景的，在各个帝国主义之间的矛盾尖锐化的时候，在革命的锋芒主要的是反对某一个帝国主义的时候，属于别的帝国主义系统的大资产阶级集团也可能在一定程度上和一定时期内参加反对某一个帝国主义的斗争。在这种一定的时期内，中国无产阶级为削弱敌人和加强自己的后备力量，可以同这样的大资产阶级集团建立可能的统一战线，并在有利于革命的一定条件下尽可能地保持之。然而，资产阶级参加革命统一战线不是无条件的，是为了实现他们的利益和要求的，他们不仅在革命阵营中争权夺利，而且当革命和他们的私利发生冲突时，还会叛变。因此，无产阶级必须坚持对资产阶级又联合又斗争的政治路线。所谓斗争，就是在同资产阶级联合时，在思想上、政治上、组织上进行"和平"的"不流血"的斗争，在被迫同资产阶级、主要是大资产阶级分裂时，还要进行坚决的、严肃的武装斗争，但要继续争取民族资产阶级的同情与中立。

关于新民主主义政治的政体问题，毛泽东指出，中国现在可以采取全国人民代表大会、省人民代表大会、县人民代表大会、区人民代表大会直到乡人民代表大会的系统，并由各级代表大会选举政府，必须实行无男女、信仰、财产、教育等差别的真正普遍平等的选举制。这种制度即是民主集中制。

《新民主主义论》等是中国共产党在民主革命时期的指导性文件。毛泽东对新民主主义政治的国体问题、政体问题所作的分析，完全合乎中国的国情，是中国共产党在长期的实践斗争中把马列主义普遍真理与中国革命实践相结合的产物。这一系统而成熟的科学体系的形成，对推动新民主主义宪政运动的发展，有着重要的指导意义。

 ## ❷ 新民主主义宪政的实施

大革命失败后，国民党建立了以蒋介石为首的独裁统治。它对内、对外实行法西斯的反动政策，使中国人民处于白色恐怖之中。但是，中国共产党和革命人民对国民党的统治没有保持沉默，他们彻底认识到了武装斗争的重要性，先后发动了南昌起义、秋收起义、广州起义等多次武装起义，继续坚持革命斗争。在斗争中，以毛泽东为代表的中国共产党人，为中国革命找到了一条正确的道路——农村包围城市，武装夺取政权。

1927 年 10 月，毛泽东率领秋收起义的部队到达井冈山，开辟了井冈山革命根据地。1928 年 5 月，成立了湘赣边界工农兵政府。次年 1 月，毛泽东、朱德率领红四军主力向赣南、闽西进军，并先后建立了赣南、闽西根据地。1931 年秋，第三次反"围剿"胜利后，赣南、闽西根据地连成一片，发展为中央革命根据地。在这期间，中共在江西、福建、湖北、湖南、河南、安徽、浙江、广东、广西建立的许多革命根据地也获得了发展，如闽浙赣、鄂豫皖、湘鄂赣、湘赣、湘鄂西等。

各个根据地普遍建立了工农民主政权，当时称苏维埃。为了巩固革命胜利成果，推动全国抗日反蒋斗争，1931 年 11 月 7 日，在中国共产党的领导下，中华苏维埃第一次全国代表大会在江西瑞金召开。到会的有来自全国各革命根据地和上海、武汉等城市的代表290 人。大会宣告中华苏维埃共和国临时中央政府成立，通过了具有强烈的革命性、民主性和人民性的根本法——《中华苏维埃共和国宪法大纲》（1934 年 1月第二次全国苏维埃代表大会对 1931 年的《宪法大纲》又作了修订，再行通过颁布）及劳动法、土地法、选举法等重要法案。

中华苏维埃共和国临时中央政府的成立，标志着中国有了两个截然对立的政权。江西瑞金和江苏南京在各种政策上都毫无一致之处。苏维埃政权在它存在的时间里，尽管自始至终都面临着残酷的军事战争，却积极地建设自己的辖区，实行苏维埃民主制。

《宪法大纲》规定，中华苏维埃共和国是工农民主专政的国家。这个专政的目的，是消灭一切封建残余，赶走帝国主义在华势力，统一中国。苏维埃全部政权"属于工人、农民、红军兵士及一切劳苦民众"。工农民主专政是民主和专政的统一，对人民来说，它是民主的；对敌对阶级来说，它是专政的。在工农民主专政下，军阀、官僚、地主 、富农和反革命分子没有选派代表参加政权的权利，没有政治上的自由权利。

工农民主政权的组织形式，是工农兵代表大会制度，实行民主集中制。全国工农兵苏维埃代表大会是全国的最高政权机关；在大会闭幕期间，最高政权（权力）机关是全国工农兵代表大会的常设机构全国苏维埃临时中央执行委员会。中央执行委员会下设人民委员会，为中央执行委员会的行政机关。人民委员会由主席、外交、劳动、军事、财政等人民委员组成，处理日常政务。

按照中华苏维埃共和国法律，全国苏维埃代表大会和地方各级苏维埃代表大会的代表，是由人民以直接和间接相结合的方式民主选举产生的。代表对选民负责，接受选民的监督。选民选出的代表如果辜负人民付托，不履行自己的职责，或有违法行为，城市或乡苏维埃有权将其开除，选民也有权把代表召回另选。乡苏、市苏、区苏的选举，半年举行一次，县苏、省苏每年一次。在两次选举之间，代表有犯重大错误的，得由选民 10 人以上提议，经选民半数以上同意撤回之，或由代表会议通过开除之。这样便可及时将不良分子清除出苏维埃机关。

苏维埃区域的选举真正贯彻了普遍原则。除地主、富农、资本家、以宗教活动为职业的人士、反动政府的工作人员、罪犯、神经病患者以外，在中华苏维埃共和国区域内居住的人民，不分男女、宗教、民族，凡年满 16 岁者，都有选举权和被选举权，选举代表或被选为代表参加各级工农兵苏维埃代表大会，讨论和决定国家及地方的政治事务。

　　为了使选举具有广泛性和有效性，各级苏维埃政权努力实施选举法，积极领导选举运动。仅从 1931 年 11 月 "一苏大" 到 1934 年 1 月 "二苏大" 的两年时间里，苏维埃区域就进行了 3 次民主选举。苏区人民踊跃行使自己的民主权利。在 1932 年的两次选举和 1933 年下半年的选举中，许多地方参加投票的选民达到选民总数的 80% 以上。有些地方仅生病、生育、担任警戒的人未能参加选举。

　　《宪法大纲》还规定，中华苏维埃共和国公民在苏维埃法律面前一律平等。这是保证苏维埃民主和法制实施的一条基本原则，也是保证公民基本权利实现的一条基本原则。苏维埃法律关于妇女在家庭和社会中与男子地位平等、承认婚姻自由的规定；关于实行政教分离、信仰自由的规定；关于少数民族享有与汉族完全平等的权利的规定等，都是公民在法律面前一律平等原则的具体体现。在实践中，共产党和苏维埃政府努力按这一原则办事。如全国苏维埃中央执行委员会委员、于都县苏维埃主席熊仙壁贪污渎职，却企图以 "不晓" 来逃避法律制裁，1934 年 3 月 20 日，中央执行委员会发出命令，决定撤销熊仙壁于都县苏维埃主席的职务，并开除出中央执行委员会，交最高法院治罪。随后最高法院组织特别法庭，经审判，判处熊 1 年徒刑。再如，瑞金县叶坪村主席谢步升，借主席的权势强奸妇女，包庇富农，并报私仇杀害他人。1932 年 5 月，瑞金县苏裁部根据中央执行委员会训令，判处谢步升死刑。

对于工农劳苦大众所应享有的各种自由权利，《宪法大纲》也作了特别规定，凡中华苏维埃共和国公民享有言论、出版、集会、结社的自由。中华苏维埃政权主张工人农民的民主，打破地主资产阶级的经济和政治的权力，以除去反动社会束缚劳动者和农民自由的一切障碍，并用群众政权的力量取得印刷机关、开会场所及一切的必要设备，给予工农劳苦民众，以保障他们取得这些自由的物质基础。

《宪法大纲》的主要内容表明，它是中国历史上第一部人民自己的根本法，充分体现着无产阶级和其他劳动人民的利益和意志，是反映劳动人民当家做主，参加国家管理的新型法律。尽管它存在着某些缺点和不完善之处，但它的实施，代表着一种新的、富有生命力的新民主主义宪政的开始。它不仅鼓舞了当时各革命根据地工农大众的革命斗志，而且也为以后的民主宪政积累了经验。

1937年全面抗战爆发后，中国的社会政治形势发生了极大的变化，中日民族矛盾成为中国社会的主要矛盾。为适应这种变化，实现全面的民族抗战，中国共产党主动宣布取消国共两个政权对立的政策，把工农政府改为中华民国特区政府，接受南京国民政府的指导，并在特区内实施普遍的彻底的民主制度。9月，根据国共两党代表谈判结果，陕甘宁边区宣告成立，苏维埃工农民主制也随之改为抗日人民民主制。

在整个抗日战争时期，中国共产党在各根据地建立的政权是抗日民族统一战线性质的政权，是无产阶级领导下的几个革命阶级联合起来的民主专政。各根据地的政权机关分为边区、县、乡三级参议会和政府委员会。这种政权的突出特点主要表现在新的选举原则上，就是普遍、直接、平等、不记名的投票原则。陕甘宁边区参议会选举条例规定：凡居住在边区境内的居民，年满18岁，不受阶级、党派、职业、男女、宗教、民族、财产和文化程度的限制，除卖国贼和依法判决有罪及剥夺公民权者、神经病患者外，都有选举权和被选举权。边区的选举实行各阶级各党派一律同等的居民人数比例选举议员的方式，无论哪个阶级、党派的选民仅有一票的权利，其效力完全相同。全部参议员由选民大会直接选举产生，对人民负责。对不称职或渎职者，选民有权罢免。

为了使选民能够按照自己的意愿进行无拘无束的选举，各抗日根据地实行无记名投票的办法。在投票的方式上，还有许多创造，如对于识字者，采用写票法；识字不多的，采用画圈、画杆法；不识字的，采用投豆、烧洞、举胳膊等方法。对于居住分散，不便召开选举大会的地区，选举委员会在选举前推定忠实可靠的人为司票员，把选票发给选民，然后背着票箱挨家串户收票。

抗日根据地在选举中还实行竞选制度。一些边区选举条例规定，各抗日政党、群众团体，可以提出候选人名单及竞选纲领，进行竞选活动。在不妨害选举秩序下，任何人不得加以干涉或阻止。如1941年陕甘宁边区进行第二次普选时，就开展了热烈的竞选活动。

各党派、团体纷纷提出自己的候选人，通过各种形式向选民介绍候选人的情况和施政主张，争取选票。有些地方的工会、农会、青救会等群众团体，敲锣打鼓，游行宣传，进行竞选。著名的《陕甘宁边区施政纲领》，即《五一施政纲领》就是中共陕甘宁边区中央局在竞选中提出的。这个纲领于同年 11 月 17 日经陕甘宁边区第二届参议会通过，作为陕甘宁边区民主政权的施政纲领。

为了巩固抗日民族统一战线，加强抗日根据地各阶层的团结，中国共产党在根据地政权建设上创造性地提出了"三三制"原则，即在参议会和政府里，代表工人和贫农的共产党员，代表小资产阶级的进步分子，代表民族资产阶级和开明绅士的中间分子，各占 1/3 名额。"三三制"原则，从 1940 年春开始，逐步在陕甘宁边区部分地区实施，到 1941 年陕甘宁边区第二次普选中得到了全面贯彻落实。其他各抗日根据地也逐步贯彻。

在实践中，中国共产党严格执行自己提出的"三三制"原则，强调共产党员要与党外人士民主合作，不得一意孤行，把持包办。共产党各级组织在提候选人时，不仅提自己的党员，同时也提其他抗日党派人士，并为他们提供条件，帮助他们竞选。同时共产党在布置竞选时严格限制自己候选人的数目。但是，由于共产党在陕甘宁边区及其他根据地是处于主导地位的党，加上广大党员忠实于人民利益，在工作中积极肯干，克己奉公，廉洁自律，所以选举的结果仍有不少地方共产党员超过 1/3 的比例。遇有这种情况，共产党即采取补救措施，一是让自己的一些党员申请退出，二是酌量聘请某些落选的非党参议员。如 1941 年陕甘宁边区第二届参议会选举常驻议员时，共产党人超过了 1/3，共产党员王世泰、萧劲光等 6 人主动要求退出。选举政府委员会时，共产党人多了 1 名，徐特立当即请求退出，以非党人士补上。这种情况表明，实行"三三制"原则，实际上是限制共产党员在政权机关中所占的比例。这种做法，虽然不完全符合一般的抽象的民主原则，但实际上却保证了真正的民主。对推动抗日战争的胜利起到了很大的积极作用。

作为建立在广泛人民意志基础上的人民代表机关，参议会不是单纯的咨询和建议机关，而是抗日根据地各级政权的最高权力机关。它拥有创制权、复决权和对于政府行政人员的选举、罢免之权。总之，它拥有决定一切重大问题的权力。其他一切政权机关均应向参议会负责并报告工作。参议会则向选民负责并报告工作。为了避免"议而不决"、"决而不行"的弊端，参议会在闭会期间设有常驻委员会，对根据地政府起着监督、建议和咨询的作用，以保证对人民彻底负责。

在讨论政府工作时，参议员是本着实事求是的认真态度来进行的。对政府工作中的成绩，给予充分的肯定和赞扬；对工作中的缺点，则进行严肃认真的批评，切实履行自己的神圣职责。陕甘宁边区参议员刘德福激动地说："我们这些农民还能批评各级政府干部，大家都接受，真是开天辟地也没有过的事。"各抗日根据地政府对于参议会通过的议案，都能毫无保留地坚决忠实地执行。如陕甘宁边区政府由参议会选出后，政府主席林伯渠带领全体政府委员举手宣誓："誓以至诚执行陕甘宁边区参议会通过的决议。"然后，每个委员都在就职誓词上郑重地签上自己的名字。1941年11月，陕甘宁边区召开第二届参议会，会上，参议员李鼎铭提出"精兵减政"案时，毛泽东一字一句地把提案记在笔记本上，并予以高度赞扬。参议会通过此案后责令政府切实执行。边区政府对此十分重视，着力实施，取得了巨大的成绩。

在各根据地参议会中，各阶级、党派都有自己的代表，反映着他们在政权中的平等地位，同时也体现着抗日根据地政权"是几个革命阶级联合起来对于汉奸和反动派的民主政权"性质。参议会通过立法建立起了各项制度，如土地制度、婚姻制度、财经制度、文化制度及军事制度等。据不完全统计，在抗日战争和解放战争时期，编入各根据地法规汇编中的法规，陕甘宁边区有112件，晋察冀边区有202件，华北地区有171件，晋西北有52件。

根据地参议会的职权表明它是真正的人民代表机关，是抗日民主政权的一种组织形式。它充分体现了中国共产党全面的全民族的抗战总方针。正由于各抗日根据地实行了上述民主政治制度，从而使中国共产党领导的抗日根据地成为当时全国最进步的地方，成为民主中国的模型，成为配合同盟国作战、驱逐日本侵略者、赢得抗日战争胜利的主要力量。

3 为民主宪政而斗争

在抗日战争和解放战争时期，中国共产党不仅在自己建立和领导的根据地及解放区内实施新民主主义宪政，而且还在国民党统治区内为争取民主宪政而斗争，反对国民党的独裁统治。

1938年7月国民参政会正式成立时，中国共产党以积极热情的态度给予了高度的评价和赞扬，认为国民党政府设立国民参政会，"的确是政治上一个进步的现象"，表示着中国政治生活向着民主制度的一个进步，表示着中国各党派、各民族、各阶级、各地域的团结统一的一个进展。而且中国共产党还郑重表示，除了继续努力促进普选的、全权的人民代表机关能在将来建立外，将以最积极、最热忱、最诚挚的态度去参加国民参政会的工作。

但是，随着时间的推移，国民参政会有益于全民族抗战的进步作用愈来愈难以发挥出来。中国共产党及各抗日民主党派对它所抱有的发挥民权主义精神，树立宪政基础的希望也变得愈来愈渺茫了。造成这种结果的一个重要原因，就是抗战以来国民党虽然承认了各党派的合法地位，实现了国内大团结，形成了全国军民的抗日高潮，但它始终不愿放弃一党专政独裁的政策。民主政治问题并没有得到彻底的解决。在国民党看来，战时军事高于一切，不应有民主，把民主与军事对立起来，并以民主政治的实行不能违背建国程序和步骤为理由加以拒绝。特别是1939年1月，国民党召开了以反共防共为主要内容的五届五中全会后，对中国共产党在政策和行动上都发生了明显变化。国民党不仅想在军事上削弱中共领导的抗日武装力量，压制民主运动的发展，而且还企图在政治上利用国民参政会为其错误政策辩护，加强对国民参政会的控制和渗透，竭力使其变成御用工具。

在此情况下，中国共产党对国民参政会的政策也随着时局的变幻作了相应的调整。一方面，充分利用参政会的合法性，在参政会中提出自己对时局的各种主张建议，团结各民主党派，促其通过一些有利于抗战事业的决议案，把参政会作为宣传中共政策和揭露国民党反共反民主的公开讲坛；另一方面，中国共产党以拒绝出席等方式，撕破国民党所谓"民主"的假面具，在政治上给国民党以打击，使其阴谋不能得逞。

在1939年9月召开的国民参政会一届四次大会上，共产党、民主党派参政员纷纷提出提案，一致要求国民党结束党治，实施宪政，进行全国政治上的全面改革。这次大会闭幕后，宪政运动在国统区和各抗日根据地蓬勃展开。为推动宪政运动的发展，中国共产党先后于1939年10月和12月向各级党组织发出指示，要求积极主动地参加与领导这一宪政运动，使之成为发动广大民众，实现民主政治的有力的群众运动。

1939年11月，毛泽东、吴玉章等发起成立"延安各界宪政促进会"，并于次年2月20日举行成立大会。吴任理事长。毛泽东在会上作的《新民主主义的宪政》

演说中指出：我们现在所要的宪政，"应该是新民主主义的宪政"，就是几个革命阶级联合起来对于汉奸反动派的专政。他揭露国民党所谓"宪政"的实质"是法西斯的一党专政"。接着，华北、华中敌后根据地各界人民，也纷纷成立宪政促进会等组织，举行宪政座谈会，各种报刊报道、发表了许多宪政运动的活动与专论。这些都极大地推动了全国宪政运动的发展。虽然这次宪政运动因国民党的种种阻挠最后未能收到应有的结果，但中国共产党关于民主宪政的主张却通过这次运动得到了更大范围的传播，为更多的人所了解。

抗战后期，随着国民党政治上独裁统治的进一步加剧和军事上的失利，阶级矛盾更加尖锐。中国人民要求民主宪政的呼声也日益强烈，纷纷起来反对国民党的法西斯统治。在此强大压力下，国民党为了继续欺骗人民群众，缓和各党派不满情绪，又一次摆出了即将实行宪政的姿态。1943 年 9 月，国民党五届十一中全会决定：抗战结束后一年内，召集国民大会，制定并颁布宪法。

对于国民党准备实施宪政的表示，中国共产党认为"这不过是一堆骗人的空话"。因为根据国民党多年来一贯的政治路线和当时的实际情形看，国民党并没有任何事实表示愿意实行宪政。1944 年 3 月 1 日，中共中央发出《关于宪政问题的指示》，明确指出，国民党许诺在抗战胜利后一年内召开国民大会和实施宪政，其目的在于欺骗人民，拖延时间，稳定国民党的统治。但只要允许人民讨论宪政，就有可能冲破国民党的限制，把民主运动推进一步。为此，中共中央决定参加再次在国统区掀起的民主宪政运动，并团结一切民主分子在自己的周围，以达到战胜日本帝国主义，建立民主国家的目的。随后，从1944年5月起，中共中央派林伯渠在西安、重庆等地与国民党代表进行谈判，准备在全国实行民主政治和依照民主的途径的基础上，公平合理地解决国共问题。但是，由于国民党种种阻挠，致使长达4个月的谈判未能解决任何问题。

为了把民主宪政运动推向一个新的阶段，彻底揭露国民党玩弄"民主宪政"的把戏，1944年9月，共产党代表林伯渠在国民参政会三届三次大会上正式提出召开各党派、各人民团体的国是会议，废除国民党一党专政，组织民主联合政府的主张。10月10日辛亥革命33周年时，周恩来又在《如何解决》的演说中，进一步阐明了共产党关于召开紧急国是会议，组织联合政府的五项步骤。他指出，必须成立真正的民主联合政府，只有这样，才是全国民主的起点。如果仍是一党包办的国民大会与制定宪法，那依然是党治，不是民治，依然是伪宪政，不是真宪政。中国共产党的主张，虽然遭到了国民党的拒绝，但代表了广大人民的愿望，集中了广大人民的根本要求，给民主宪政运动指明了正确方向。

抗战胜利后，经历了八年浴血奋战的中国人民比以往任何时候都更加需要和平、民主。民众的要求已成为战后中国乃至整个世界不可抗拒的潮流。此时，国共两党围绕着建什么国和走什么道路的斗争也更加尖锐化。国民党坚持独裁内战的方针，打着"国家统一、民主政治"的旗号，企图加强和恢复在全国范围内的反动统治。为了欺骗国内外舆论，准备内战，蒋介石于 1945 年 8 月三次电邀中共中央主席毛泽东到重庆谈判。中国共产党本着"争取和平民主的方针"，力图用包括谈判在内的方式实现和平局面，以便在和平的条件下进行国家的社会政治改革。为此，中共中央决定派毛泽东、周恩来、王若飞等为代表飞赴重庆与国民党谈判。8 月 25 日，中共中央发表《对目前时局的宣言》，向全国人民提出和平、民主、团结三大口号和开展和平民主斗争的基本任务，号召全国人民在和平民主团结的基础上，实现全国的统一，建设独立自由与富强的新中国。

重庆谈判是一场严重尖锐的政治斗争。谈判的焦点是军队和政权问题。对于这两个实质性问题，国民党仍以"政令、军令统一"为"理由"，拒绝接受中共提出的任何方案。但由于共产党在谈判中始终坚持的和平民主原则深得人心，迫使国民党不得不承认共产党提出的和平建国方针，表面上也同意避免内战。经过 43 天谈判，到 10 月 10 日，签订了国民政府与共产党代表《会谈纪要》，即《双十协定》。其主要内容是：中国和平建国的新阶段已经开始，必须以和平、民主、团结、统一为基础，坚决避免内战，建设独立、自由和富强的新中国；应迅速结束训政，实施宪政，召开政治协商会议；政府应保证人民享受一切民主国家人民在平时享受之自由；各党派在法律面前一律平等；政府应严禁司法和警察以外的机关有拘捕、审讯和处罚人民之权，释放除汉奸以外的一切政治犯。

重庆谈判及《双十协定》的签订，表明了共产党对和平民主的诚意，使国民党在政治上陷于被动。尽管协定的内容还是纸上的东西，但它毕竟是中国近代民主宪政运动史上的一大进步。谈判期间，毛泽东、周恩来、王若飞同各界代表人物及中外友好人士进行了广泛的接触，向他们阐明关于和平、民主、团结的方针，赢得了人们的普遍同情和支持，从而大大推动了全国和平民主运动的发展。

根据《双十协定》的规定，1946年1月10日，全国人民所注目的政治协商会议在重庆国民政府礼堂举行。这是一次协商国是，讨论和平建国方案及召开国民大会各项问题的重要会议。全国各党派及社会贤达都对这次会议给予了高度重视。参加会议的代表共38人，其中国民党代表8人，共产党代表7人，青年党代表5人，民盟代表9人，无党派代表9人。各方面的代表，基本上形成左、中、右三种政治力量。

在开幕会上，各方面代表都讲了话，表明了自己的基本态度。首先，蒋介石致开幕词，他一面宣称"要真诚坦白，树立民主的楷模"，"要大公无私，顾全国家利益"，使民主宪政及早实施；另一方面要"消除一切足以妨碍意志统一，影响安宁秩序和延迟复兴建设的因素"。最后宣布国民党"政府决定实施的事项"，即人民享有民主自由权利，各党派一律平等，积极推行地方自治，依法实行由下而上之普选和释放政治犯。

蒋介石的民主许诺，曾欺骗了一些人，不少代表认为中国今后真的会有和平、民主和自由，并为之欣喜若狂。中共代表周恩来在致词中指出，这样的会议，在中国的政治历史上还是创举。愿以极大的诚意和容忍与各党代表及社会贤达共商国是，努力合作，实现各党派、无党派代表人士举国一致的政府，真正实现民有、民治、民享的政治。民盟主席张澜致词表示要与各党派代表共同努力，"奠定国家永久和平，建立国家真实民主的基础"。

接着，会议由各方面代表组成 5 个小组，分别就政府组织、施政纲领、军事问题、宪法草案、国民大会等问题进行讨论。

关于政治民主化问题。国民党提出扩大政府委员名额的提案，实际上仍要坚持一党专政，个人独裁。国民党的方案遭到各方的反对。中国共产党针锋相对地提出了《和平建国纲领草案》，董必武又作了《关于改组政府问题的报告》，其基本要点是：改组政府应有一个共同纲领，改组后的国民政府委员会即为最高决策机关，有权决定人选；要防止主席的"手令制"，主席命令要经过会议通过，主席必须服从委员会的决议；从上到下，从中央到区乡，彻底取消国民党对国家的干涉，任何政党在政府内所占的名额不得超过 1/3；政府改组应包括国民政府下的各院部会的改组，使各党派、无党派的民主人士有广泛的机会参加政府工作；中央机构之改革，必须与省、县、区、乡各级行政机构之民主化同时并进；改组后的政府，应该在广泛民主的基础上，迅速实行普选，召开国民大会，制定宪法，成立更广泛的、正式的中央联合政府。罗隆基代表民盟提出改组政府三原则，即必须有共同纲领为施政共同准绳；共同决策机关要真能决策；各方面人参加执行机关，要使其真正能执行。经过激烈辩论，基本上否定了国民党的方案。

关于军队国家化问题。国民党仍搬出了"你先交出军队，我再给你民主"的公式，说什么"只要军令政令统一，一切问题都可以商量解决"。先要军队国家化，政治才能民主化。中间派则主张国共双方都把军队交出来，希望共产党在军事上让步，国民党在政治上让步。共产党认为军队国家化，必须以政治民主化为前提，必须先废除国民党一党专政，成立民主联合政府，把国民党的军队变为人民军队，然后国民党军队和解放区军队同时交给民主联合政府和统帅部。

关于国民大会和宪法草案问题。国民党坚持十年前选出的国大旧代表资格有效，由他们通过宪法，实施宪政。另外增加共产党、民主党派、无党派民主人士及其他各方面代表240名。这实际上表明国民党依然坚持以"五五宪草"作为制宪依据的立场。对此，中共、民盟的代表一致反对。中共、民盟最初主张重新制定国民政府的组织法、选举法，依照新的组织法、选举法，重新选举国大代表，召开自由普选的国民大会，制定宪法。后来为了和平民主、团结建国，作出让步，承认国民党原已选出的1200名代表，但是要增加各党派和社会贤达代表700名，以及台湾和东北代

表 150 名，并坚持"宪法的通过，须经过出席代表四分之三的同意"，以防止蒋介石任意通过一部个人独裁宪法。为了否定国民党的"五五宪草"，民盟代表张君劢、罗隆基提出了一个新方案，即主张把英国的内阁两院制搬到中国来，利用孙中山"五权宪法"的形式，将监察院作为英国式的上议院，立法院作为英国式的下议院，行政院作为英国式的内阁。行政院对立法院负责，而不是对总统负责，立法院对行政院可以有不信任投票，推翻内阁，另组新阁；行政院如有自信，也可以拒绝立法院的不信任而把它解散，实行大选，产生新的立法院。沈钧儒认为"五五宪草""把地方权力集中于中央，又把中央权力集中于一人"是错误的。他提议宪草应确定省自治的原则，省长民选，自制省宪，国民政府还应从法律上承认中共领导的解放区。经过斗争，宪法小组根据以上精神确定了修改"五五宪草"的原则。虽然宪草修改原则的内容基本上是近代资本主义代议制的民主制度，不是中国共产党主张的新民主主义的宪政，但为了团结各民主党派、各人民团体及全国大多数人民，共同反对国民党的法西斯制度，中国共产党对宪草修改原则表示同意和支持。

政治协商会议是近代中国宪政史上一次典型的民主与专制、多党制与一党独裁的合法较量。经中共和其他方面代表努力，1 月 31 日终于通过了五项协议。确定改组国民党专政的政府为各党派和无党派民主人士参加的民主联合政府。改组后的国府委员会为最高国务机关，不但有对方针大计的决策权，并且有对高级官员的任免权。国府委员为 40 人，国民党和非国民党人各占半数，所有涉及施政纲领之变更的议案，须经出席委员 2/3 之赞成始得议决。确定先改组政府，由改组后的政府召集各党派共同参加的国民大会，讨论由政协宪草审议委员会根据政协决议起草的宪法草案。国大代表除国民党在 1936 年包办选举的 1200 名继续有效外，再新增加各党派及社会贤达代表 700 名，东北及台湾代表 150 名，宪法之通过须经出席代表 3/4 的同意，从而保持了中共和民主人士的否决权。宪法草案确定了议会制、内阁制、省自治制的原则，规定立法院为最高立法机关，由选民直接选举之，行政院为国家最高行政机关，行政院对立法院负责，省为地方自治之最高单位，省得制定省宪，但不得与国宪抵触。在军事问题的决议中，规定政治民主化与军队国家化同步进行，实行军党分立、军政分治，全国军队进行统一整编。政协协议在实际上否定了国民党一党专政的独裁制度和内战政策，是有利于人民，不利于反动派的。中共对政协会议达成的协议是满意的，确信"这是中国民主革命一次伟大胜利"。虽然国民党蒋介石很快就背信弃义，撕毁了协议，但会议在中国人民心目中留下了不可磨灭的印象，是中国民主宪政运动史上光彩的一幕。

4　新政治协商会议召开与新中国建立

1946 年 6 月，国民党蒋介石不顾全国人民的坚决反对，在美国支持下，一意孤行，命令其军队向中国共产党领导的中原解放区发动进攻，点燃了全面内战的战火。这样，抗战结束后中国一度出现的和平民主的政治形势从此丧失了。

全面内战爆发时，国民党在军事上、经济上都占有优势。尽管内战政策不得人心，但蒋介石却认为胜券在握，显得踌躇满志。他一方面加紧对中共的军事进攻，以期一举歼灭中共之主力，迫使对方屈服；另一方面对国统区的民主运动进行血腥镇压，屠杀爱国民主人士。同时，蒋介石还下令于 1946 年 11 月在南京召开国民党一党独裁的"制宪国大"，以谋求其法西斯统治的合法化。

但是，形势却不是按照蒋介石的主观愿望发展的。很快，蒋介石便开始尝到自己种下的恶果。经过两年的作战，国共双方军事力量的对比发生显著变化。中国共产党领导的人民解放军不仅粉碎了国民党的全面进攻和重点进攻，而且已由最初的战略防御转为战略进攻。战争进入第三年后，中共中央又抓住有利时机，与国民党进行了伟大的战略决战，周密地部署了辽沈、淮海、平津三大战役，国民党赖以发动内战的主力基本被歼。1949 年 4 月 21 日，毛泽东和朱德向中国人民解放军发出进军令，百万雄师渡长江。4 月 23 日，解放了国民党 22 年反革命统治中心南京，宣告了蒋介石集团在大陆统治的覆亡。

在国民党政权败局已定和全国范围的新的革命高潮到来之际，中国共产党即着手组织各民主党派及各方面代表人士，筹备和召开新政治协商会议，成立全国性的无产阶级领导的人民民主专政政权。1948年4月30日，中共中央发布了具有历史意义的纪念"五一"劳动节口号，号召全国人民团结起来，联合全国知识分子、自由资产阶级、各民主党派、社会贤达和其他爱国分子，巩固与扩大反对帝国主义、反对封建主义、反对官僚资本主义的统一战线，为打倒蒋介石，建立新中国而共同奋斗。在口号中，中共中央提出召开新的政治协商会议，讨论并实现召集人民代表大会，成立民主联合政府。中国共产党的新主张得到各民主党派、无党派及知名人士的热烈响应。当时各民主党派人士因国民党的恐怖政策，难以在国统区立足，多云集香港。他们立即发表拥护声明，中国国民党革命委员会李济深、何香凝，中国民主同盟沈钧儒、章伯钧，中国民主促进会马叙伦、王绍鏊，致公党陈其尤，中国农工民主党彭泽民，中国人民救国会李章达，中国国民党民主促进会蔡廷锴，三民主义同志联合会谭平山，无党派人士郭沫若等都致电中共中央主席毛泽东，表示愿意在中共领导下组成各革命阶级的统一战线，为结束独裁统治，实现人民民主的新中国而奋斗。随后，他们在中国共产党的帮助下，陆续秘密离开香港等地，进入解放区，积极参与筹备新政协的召开。

1949年6月，新政治协商会议筹备会第一次全体会议在刚刚获得解放的北平召开。毛泽东致开幕词。整个会议过程充满了各界各族人士民主团结协商的气氛和实事求是创基立业的精神。会议选出了以毛泽东为主任的政协筹备会常务委员会，全面展开筹建新政权的工作。

旧中国的历史即将过去，新的一页将要翻开。但是，即将成立的新中国究竟是一个什么性质的国家？各个阶级在这个国家中的地位、作用和相互关系如何？这个国家的对内对外政策是什么？这些都是新中国筹建过程中提出和急需回答的问题，也是摆在革命者面前的历史性的选择。为了回答这些问题，1949 年 6 月 30 日，毛泽东发表了《论人民民主专政》一文，从理论上全面阐述了中国共产党建设新中国的主张。这篇文章的主要内容有四点。

第一，论述了新中国的国家性质。毛泽东深刻地总结了中国人民一百多年来，特别是中国共产党成立以来 28 年革命斗争的历史经验，说明在半殖民地半封建社会的中国，资产阶级没有能力领导革命取得胜利。中国革命的胜利，是在无产阶级领导下，按照马克思列宁主义所指引的道路而取得的。这个无可辩驳的事实表明，西方资产阶级的文明，资产阶级的民主主义，资产阶级共和国的方案，在中国人民的心目中，一齐破了产。资产阶级的民主主义让位给了工人阶级领导的人民民主主义，资产阶级共和国让位给人民共和国。毛泽东进一步强调指出，总结我们的经验，集中到一点，就是要建立工人阶级（通过中国共产党）领导的以工农联盟为基础的人民民主专政的共和国，而不是资产阶级专政共和国。

第二，论述了各阶级在国家中的地位及其相互关系。毛泽东指出，工人阶级是人民民主专政的领导力量，因为只有工人阶级最有远见、大公无私、最富有革命的彻底性。工人阶级的领导是通过自己的先锋队共产党来实现的，共产党要担负起领导任务，必须以马列主义作为自己的指导思想，并把马列主义的普遍真理同本国的具体实践结合起来，制定和执行一条适合本国情况的正确的纲领和路线。人民民主专政的基础是工人阶级、农民和城市小资产阶级的联盟，而主要是工人阶级和农民阶级的联盟。因为这两个阶级占全国总人口的 80%～90%。推翻帝国主义和封建主义的统治，实现从新民主主义到社会主义的转变，主要依靠这两个阶级的力量。民族资产阶级在现阶段，有很大的重要性，应该团结、联合他们，但它不能充当领导者，也不能在国家政权中占主要地位。

第三，论述了民主与专政的关系以及人民民主专政的基本任务。毛泽东指出，人民共和国对反动派实行专政，因为被推翻的敌人决不甘心于自己的灭亡，千方百计地对人民国家进行破坏，企图反抗，妄想复辟。如果没有对他们的专政，"革命就要失败，人民就要遭殃，国家就要灭亡"。但是，只要他们不造反，不破坏，便给他们以生活出路，强迫他们在劳动中改造成为自食其力的新人。人民共和国对人民内部实行民主制度，给予人民以言论、集会、结社等自由；选举权只给人民，不给反动派。"对人民内部的民主方面和对反动派的专政方面互相结合起来，就是人民民主专政"。人民民主专政的历史任务是抵御帝国主义的侵略，镇压国内反革命势力的破坏和复辟活动，保卫国家的主权和人民生命财产的安全，用民主的办法，教育人民，使之脱离反动派的影响，改造坏思想和坏习惯，进行经济和文化建设，使中国初步地由农业国进到工业国，由新民主主义社会进到社会主义社会和共产主义社会，消灭阶级，实现大同。

第四，论述了新中国的对外政策。毛泽东强调指出，新中国的对外政策要采取"一边倒"，即倒向社会主义一边的外交方针，要联合世界上以平等待我各民族和各国人民共同奋斗，并在平等互利和互相尊重领土主权的基础上与一切国家建立外交关系。

毛泽东的这篇文章是建国前夕中国共产党关于新民主主义共和国的基本纲领，奠定了新中国政权建设的理论基础和政策基础，直接指导了新中国的建国工作。

经过 3 个月的紧张筹备，1949 年 9 月 21 日，在中国人民解放军进行曲和 54 发礼炮声中，全中国人民所热望的盛会，中国人民政治协商会议第一届全体会议在北平隆重开幕。出席会议的有中国共产党、各民主党派、无党派人士、各人民团体、人民解放军、各地区、少数民族、宗教界、海外华侨的代表共 662 人。这样广泛的代表性，就使中国人民政治协商会议具有代表全国人民的性质。

中共中央主席毛泽东致开幕词，他指出，我们的会议是一个全国人民大团结的会议，所以能够实现这个大团结，是因为我们战胜了美帝国主义援助的国民党反动派。毛泽东庄严宣布：我们的民族将再也不是一个被人侮辱的民族了，"占人类总数四分之一的中国人从此站立起来了"。"我们的民族将从此列入爱好和平自由的世界各民族的大家庭，以勇敢而勤劳的姿态工作着，创造自己的文明和幸福，同时也促进了世界的和平和自由。我们的民族已经站立起来了!"解放军代表朱德，中共代表刘少奇，特邀代表宋庆龄，民革代表李济深、何香凝，民盟代表张澜，民建代表黄炎培和解放区代表等都在大会上讲了话。他们一致认为中国民主革命的胜利是在中国共产党领导下，全国人民团结起来英勇奋斗取得的，表示在今后要更加强团结，为建设新中国而奋斗。何香凝在发言中说：孙中山所主张的"中国的自由平等、节制资本、耕者有其田，联合世界上以平等待我之民族"，"在毛主席的领导下得到了实现"。"毛主席的新民主主义比我们所信仰的孙中山的革命的三民主义来得更妥善些，要来得彻底些"。她表示，信仰孙中山先生的革命的三民主义的信徒，今天要做一个模范的新三民主义工作者。民建代表黄炎培说：中国人民政治协商会议的开幕，是全中国人民和各民主党派在中国共产党领导下，"从地球上几万万年一部大历史上边，写出一篇意义最大最光荣的记录"。我们参加政治协商会议，是要"在东半个地球上边，建造起一所新大厦，大厦最高的顶尖上边，飘扬着一面大旗，大旗上写的是新民主主义"。

　　会议经过充分讨论，通过了《中国人民政治协商会议组织法》、《中华人民共和国中央人民政府组织法》和《中国人民政治协商会议共同纲领》。

《共同纲领》是具有临时宪法性质的重要文献。它总结了一百多年来中国革命的历史经验，对政治、经济、文化、民族、外交等方面均作了明确的规定。关于国体和政体，《共同纲领》规定：中华人民共和国为新民主主义即人民民主的国家，实行工人阶级领导的、以工农联盟为基础的、团结各民主阶级和国内各民族的人民民主专政。中华人民共和国的国家政权属于人民。人民行使国家政权的机关为各级人民代表大会和各级人民政府。各级人民代表大会由人民用普选方法产生之。各级人民代表大会选举各级人民政府。各级人民代表大会闭会期间，各级人民政府为行使各级政权的机关。国家最高政权机关为全国人民代表大会。全国人民代表大会闭会期间，中央人民政府为行使国家政权的最高机关。各级政权机关一律实行民主集中制。关于经济建设的根本方针，《共同纲领》规定：以公私兼顾、劳资两利、城乡互助、内外交流的政策，达到发展生产、繁荣经济的目的。国家应调剂各种经济成分，使之在国营经济领导下，分工合作，各得其所，以促进整个社会经济的发展。关于文化教育事业，《共同纲领》规定：中华人民共和国的文化教育为新民主主义的，即民族的、科学的、大众的文化教育。人民政府的文化教育工作，应以提高人民文化水平，培养国家建设人才，肃清封建的、买办的、法西斯主义的思想，发展为人民服务的思想为主要任务。关于民族政策，《共同纲领》规定：国内各民族一律平等，实行团结互助，反对帝国主义和各民族内部的人民公敌，使中华人民共和国成为各民族友爱合作的大家庭。反对大民族主义和狭隘民族主义，禁止民族间的歧视、压迫和分裂民族团结的行为，各少数民族聚居的地区，应实行民族的区域自治。关于外交政策，《共同纲领》规定，它的原则为保障本国独立、自由和领土的完整，拥护国际的持久和平和各国人民间的友好合作，反对帝国主义的侵略政策和战争政策。在平等互利的基础上，中华人民共和国可与外国的政府和人民恢复并发展通商贸易关系。

《共同纲领》体现了全国各族人民共同的意志和要求，使中国可以稳步地成为一个独立、民主、和平、统一和富强的国家。

大会通过的《中国人民政治协商会议组织法》规定了人民政协是全国人民民主统一战线的组织形式，在普选的全国人民代表大会召开以前，代行全国人民代表大会的职权。在全国人民代表大会召开以后，仍将长期存在，成为各民主党派各人民团体的协商机关。

会议选举毛泽东为中央人民政府主席，朱德、刘少奇、宋庆龄、李济深、张澜、高岗为副主席。代表们一致通过了宣言，向人民解放军致敬电和竖立人民英雄纪念碑办法及碑文。会议还决定定都北平，改北平为北京。采用公元纪年。以《义勇军进行曲》为代国歌，五星红旗为国旗。

1949年10月1日的北京，秋高气爽，晴空万里，古老巍峨的天安门城楼被装饰一新，高大的红色宫墙显得尤为庄严，黄澄澄的琉璃瓦在秋阳的照耀下，格外鲜艳夺目。下午 2 时，中央人民政府委员会在北京中南海举行首次会议，选举毛泽东为中央人民政府军事委员会主席，朱德为人民解放军总司令，沈钧儒为最高人民法院院长，罗荣桓为最高人民检察院院长。1 小时后，首都 30 万军民齐集天安门广场，举行庆祝中华人民共和国中央人民政府成立大典。毛泽东主席亲自升起第一面象征着胜利和尊严的五星红旗，庄严宣告中华人民共和国成立了，中国人民从此站起来了。

中华人民共和国的成立，在近代中国民主宪政运动的发展进程中，是一个最伟大的转折点。它标志着中国一百多年半殖民半封建社会的结束，标志着一个独立、富强、走向社会主义的新中国的诞生。从此中国的历史进入一个崭新的时代。

参考书目

1. 杨廷铨著《中国新宪法评论》，法政大学政治经济学会，1924。

2. 杨幼炯著《近代中国立法史》，商务印书馆，1936。

3. 刘静文著《中国新宪法论》，独立出版社，1940。

4. 张晋藩、曾宪义著《中国宪法史略》，北京出版社，1979。

5. 《中国新民主主义革命时期根据地法制文献选编》第1卷，中国社会科学出版社，1981。

6. 蒋碧昆编著《中国近代宪政宪法史略》，法律出版社，1988。

7. 朱建华主编《中国近代政党史》，吉林大学出版社，1990。

8. 张国福著《民国宪法史》，华文出版社，1991。

9. 韦庆远、高放、刘文源著《清末宪政史》，中国人民大学出版社，1993。

10. 殷啸虎著《近代中国宪政史》，上海人民出版社，1997。

《中国史话》总目录

系列名	序号	书名	作者
物化历史系列（28种）	30	石器史话	李宗山
	31	石刻史话	赵 超
	32	古玉史话	卢兆荫
	33	青铜器史话	曹淑琴 殷玮璋
	34	简牍史话	王子今 赵宠亮
	35	陶瓷史话	谢端琚 马文宽
	36	玻璃器史话	安家瑶
	37	家具史话	李宗山
	38	文房四宝史话	李雪梅 安久亮
制度、名物与史事沿革系列（20种）	39	中国早期国家史话	王 和
	40	中华民族史话	陈琳国 陈 群
	41	官制史话	谢保成
	42	宰相史话	刘晖春
	43	监察史话	王 正
	44	科举史话	李尚英
	45	状元史话	宋元强
	46	学校史话	樊克政
	47	书院史话	樊克政
	48	赋役制度史话	徐东升
	49	军制史话	刘昭祥 王晓卫
	50	兵器史话	杨 毅 杨 泓
	51	名战史话	黄朴民
	52	屯田史话	张印栋
	53	商业史话	吴 慧
	54	货币史话	刘精诚 李祖德
	55	宫廷政治史话	任士英
	56	变法史话	王子今
	57	和亲史话	宋 超
	58	海疆开发史话	安 京

系列名	序号	书名	作者
交通与交流系列（13种）	59	丝绸之路史话	孟凡人
	60	海上丝路史话	杜 瑜
	61	漕运史话	江太新　苏金玉
	62	驿道史话	王子今
	63	旅行史话	黄石林
	64	航海史话	王 杰　李宝民　王 莉
	65	交通工具史话	郑若葵
	66	中西交流史话	张国刚
	67	满汉文化交流史话	定宜庄
	68	汉藏文化交流史话	刘 忠
	69	蒙藏文化交流史话	丁守璞　杨恩洪
	70	中日文化交流史话	冯佐哲
	71	中国阿拉伯文化交流史话	宋 岘
思想学术系列（21种）	72	文明起源史话	杜金鹏　焦天龙
	73	汉字史话	郭小武
	74	天文学史话	冯 时
	75	地理学史话	杜 瑜
	76	儒家史话	孙开泰
	77	法家史话	孙开泰
	78	兵家史话	王晓卫
	79	玄学史话	张齐明
	80	道教史话	王 卡
	81	佛教史话	魏道儒
	82	中国基督教史话	王美秀
	83	民间信仰史话	侯 杰　王小蕾
	84	训诂学史话	周信炎
	85	帛书史话	陈松长
	86	四书五经史话	黄鸿春

系列名	序号	书名	作者
思想学术系列（21种）	87	史学史话	谢保成
	88	哲学史话	谷　方
	89	方志史话	卫家雄
	90	考古学史话	朱乃诚
	91	物理学史话	王　冰
	92	地图史话	朱玲玲
文学艺术系列（8种）	93	书法史话	朱守道
	94	绘画史话	李福顺
	95	诗歌史话	陶文鹏
	96	散文史话	郑永晓
	97	音韵史话	张惠英
	98	戏曲史话	王卫民
	99	小说史话	周中明　吴家荣
	100	杂技史话	崔乐泉
社会风俗系列（13种）	101	宗族史话	冯尔康　阎爱民
	102	家庭史话	张国刚
	103	婚姻史话	张　涛　项永琴
	104	礼俗史话	王贵民
	105	节俗史话	韩养民　郭兴文
	106	饮食史话	王仁湘
	107	饮茶史话	王仁湘　杨焕新
	108	饮酒史话	袁立泽
	109	服饰史话	赵连赏
	110	体育史话	崔乐泉
	111	养生史话	罗时铭
	112	收藏史话	李雪梅
	113	丧葬史话	张捷夫

系列名	序号	书名	作者	
	114	鸦片战争史话	朱谐汉	
	115	太平天国史话	张远鹏	
	116	洋务运动史话	丁贤俊	
	117	甲午战争史话	寇伟	
	118	戊戌维新运动史话	刘悦斌	
	119	义和团史话	卞修跃	
	120	辛亥革命史话	张海鹏	邓红洲
	121	五四运动史话	常丕军	
	122	北洋政府史话	潘荣	魏又行
	123	国民政府史话	郑则民	
	124	十年内战史话	贾维	
近代政治史系列（28种）	125	中华苏维埃史话	杨丽琼	刘强
	126	西安事变史话	李义彬	
	127	抗日战争史话	荣维木	
	128	陕甘宁边区政府史话	刘东社	刘全娥
	129	解放战争史话	朱宗震	汪朝光
	130	革命根据地史话	马洪武	王明生
	131	中国人民解放军史话	荣维木	
	132	宪政史话	徐辉琪	付建成
	133	工人运动史话	唐玉良	高爱娣
	134	农民运动史话	方之光	龚云
	135	青年运动史话	郭贵儒	
	136	妇女运动史话	刘红	刘光永
	137	土地改革史话	董志凯	陈廷煊
	138	买办史话	潘君祥	顾柏荣
	139	四大家族史话	江绍贞	
	140	汪伪政权史话	闻少华	
	141	伪满洲国史话	齐福霖	

系列名	序号	书名	作者
近代经济生活系列（17种）	142	人口史话	姜涛
	143	禁烟史话	王宏斌
	144	海关史话	陈霞飞　蔡渭洲
	145	铁路史话	龚云
	146	矿业史话	纪辛
	147	航运史话	张后铨
	148	邮政史话	修晓波
	149	金融史话	陈争平
	150	通货膨胀史话	郑起东
	151	外债史话	陈争平
	152	商会史话	虞和平
	153	农业改进史话	章楷
	154	民族工业发展史话	徐建生
	155	灾荒史话	刘仰东　夏明方
	156	流民史话	池子华
	157	秘密社会史话	刘才赋
	158	旗人史话	刘小萌
近代中外关系系列（13种）	159	西洋器物传入中国史话	隋元芬
	160	中外不平等条约史话	李育民
	161	开埠史话	杜语
	162	教案史话	夏春涛
	163	中英关系史话	孙庆
	164	中法关系史话	葛夫平
	165	中德关系史话	杜继东
	166	中日关系史话	王建朗
	167	中美关系史话	陶文钊
	168	中俄关系史话	薛衔天
	169	中苏关系史话	黄纪莲
	170	华侨史话	陈民　任贵祥
	171	华工史话	董丛林

系列名	序号	书名	作者
近代精神文化系列（18种）	172	政治思想史话	朱志敏
	173	伦理道德史话	马勇
	174	启蒙思潮史话	彭平一
	175	三民主义史话	贺渊
	176	社会主义思潮史话	张武　张艳国　喻承久
	177	无政府主义思潮史话	汤庭芬
	178	教育史话	朱从兵
	179	大学史话	金以林
	180	留学史话	刘志强　张学继
	181	法制史话	李力
	182	报刊史话	李仲明
	183	出版史话	刘俐娜
	184	科学技术史话	姜超
	185	翻译史话	王晓丹
	186	美术史话	龚产兴
	187	音乐史话	梁茂春
	188	电影史话	孙立峰
	189	话剧史话	梁淑安
近代区域文化系列（二种）	190	北京史话	果鸿孝
	191	上海史话	马学强　宋钻友
	192	天津史话	罗澍伟
	193	广州史话	张苹　张磊
	194	武汉史话	皮明庥　郑自来
	195	重庆史话	隗瀛涛　沈松平
	196	新疆史话	王建民
	197	西藏史话	徐志民
	198	香港史话	刘蜀永
	199	澳门史话	邓开颂　陆晓敏　杨仁飞
	200	台湾史话	程朝云

《中国史话》主要编辑
出版发行人

总　策　划　谢寿光　王　正

执行策划　杨　群　徐思彦　宋月华

　　　　　梁艳玲　刘晖春　张国春

统　　筹　黄　丹　宋淑洁

设计总监　孙元明

市场推广　蔡继辉　刘德顺　李丽丽

责任印制　岳　阳